高等职业教育铁道工程专业规划教材

高速铁路无砟轨道施工测量

主　编　梁世川　加依娜·塔吾列
副主编　刘庆功　刘贤贤
参　编　金胜利

西南交通大学出版社
·成　都·

图书在版编目（CIP）数据

高速铁路无砟轨道施工测量 / 梁世川，加依娜·塔吾列主编. —成都：西南交通大学出版社，2018.11（2022.1 重印）
ISBN 978-7-5643-6523-3

Ⅰ. ①高… Ⅱ. ①梁… ②加… Ⅲ. ①高速铁路 – 无砟轨道 – 施工测量 Ⅳ. ①U238②U213.2

中国版本图书馆 CIP 数据核字（2018）第 242985 号

高速铁路无砟轨道施工测量

主　编／梁世川　加依娜·塔吾列	责任编辑／杨　勇
	助理编辑／王同晓
	封面设计／SA 工作室

西南交通大学出版社出版发行
（四川省成都市二环路北一段 111 号西南交通大学创新大厦 21 楼　610031）
发行部电话：028-87600564　028-87600533
网址：http://www.xnjdcbs.com
印刷：四川森林印务有限责任公司

成品尺寸　185 mm×260 mm
印张　7　字数　147 千
版次　2018 年 11 月第 1 版　　印次　2022 年 1 月第 2 次

书号　ISBN 978-7-5643-6523-3
定价　28.00 元

课件咨询电话：028-81435775
图书如有印装质量问题　本社负责退换
版权所有　盗版必究　举报电话：028-87600562

前　言

修建高速铁路最核心的问题是解决轨道的平顺性。为了适应高速铁路对轨道平顺性的要求，线路必须具备准确的几何参数，因此，轨道的测量精度要达到毫米级，测量方法也与传统的铁路工程测量完全不同。这对高速铁路建设及维护过程中的控制测量工作提出了全新的要求。

本书在编写上强调测量工作的基本思想和基本方法，难度适中，文字叙述简明易懂、详略得当、内容深入浅出、安排合理、便于学习。本书作为高职教材，注重培养学生的职业能力，能够让学生学以致用。

本书介绍了高速铁路无砟轨道测量技术发展的概况，高速铁路测量基本知识，高速铁路精密控制网的布设、测量及加密。共分为六章，其主要内容包括：高速铁路测量概述、CRTS Ⅰ 型轨道板精调、CRTS Ⅱ 型轨道板精调、CRTS Ⅲ 型板式无砟轨道精测精调、双块式整体道床精调，道岔精调等基本知识。

本书可以作为高速铁路无砟轨道施工测量的培训教材和大专、高职院校师生学习的教材，也可以作为从事高速铁路无砟轨道施工测量工作的专业技术人员学习专业知识的参考书。

由于编者水平有限，若在学习实践过程中发现部分内容有不足或需要完善之处，望给予批评指正。

编　者
2018 年 10 月

目 录

第1章 高速铁路测量概述 ·· 1
   1.1 高速铁路精密测量控制网概述 ·· 1
   1.2 平面控制网的建立 ·· 4
   1.3 高程控制网的建立 ··· 11
   1.4 高速铁路 CPⅢ精密控制网的布设及测量 ··· 17

第2章 CRTS Ⅰ型轨道板精调 ··· 29
   2.1 概　述 ··· 29
   2.2 底座、凸型挡台放样和施工测量 ··· 32
   2.3 CRTS Ⅰ轨道板安置与精调 ·· 40

第3章 CRTS Ⅱ型轨道板精调 ·· 44
   3.1 概　述 ··· 44
   3.2 GRP 测量 ·· 48
   3.3 CRTS Ⅱ型轨道板精调测量 ·· 54

第4章 CRTS Ⅲ型板式无砟轨道精测精调 ·· 62
   4.1 CRTS Ⅲ型板式无砟轨道概述 ··· 62
   4.2 CRTS Ⅲ型板式无砟轨道精调 ··· 68

第5章 双块式整体道床精调 ·· 75
   5.1 概　述 ··· 75
   5.2 轨道几何状态测量仪 ··· 77
   5.3 双块式整体道床精调测量 ··· 81

第6章 道岔精调 ·· 88
   6.1 道岔精调测量要求 ·· 88
   6.2 道岔精调技术要求 ·· 89
   6.3 道岔精调施工要求 ·· 89
   6.4 道岔交验前的保养 ·· 103

参考文献 ·· 105

第1章 高速铁路测量概述

1.1 高速铁路精密测量控制网概述

1.1.1 高速铁路测量概述

由于列车高速行驶，高速铁路工程测量方法、测量精度与普速线路不同，故而适应于高速铁路线路的工程测量的技术体系称为高速铁路工程测量。按照这一技术体系建立的精密工程测量控制网称之为精测网。建立精测网的目的是保证高速铁路轨道线路平顺以适应列车高速运行的需要。

为规范高速铁路建设各阶段的测量方法和精度，使之满足高速铁路勘测设计、工程施工及运营维护三个阶段对测量成果的需求，将高速铁路精密测量控制网划分为勘测控制网、施工控制网、运营维护控制网，其基本工作流程之后详述。为适应高速铁路无砟轨道建设和运营维护需要，三个阶段的平面和高程控制测量必须有统一的基准，亦即勘测控制网、施工控制网、运营维护控制网均采用CPⅠ为基础平面控制网，二等水准基点网为基础高程控制网，简称"三网合一"。"三网合一"自高速铁路线路无砟轨道建设甫一开始即建立起全线统一的无砟轨道测量体系，保证了勘测设计、工程施工和运营维护全过程测量精度的统一性。无砟轨道测量控制网必须满足勘测控制网、施工控制网和运营维护控制网坐标和高程的起算基准和计算精度的协调统一，否则无法保证无砟轨道线路的平顺性。

勘测控制网是勘测设计单位在勘测设计阶段为满足高速铁路勘测设计和向施工单位交桩而建立的平面、高程控制网，它包括框架平面控制网 CP 0、基础平面控制网 CPⅠ、线路控制网 CPⅡ和线路水准基点控制网。

施工控制网是为满足高速铁路线路施工需要而建立的各等级平面高程控制网。它包括基础平面控制网 CPⅠ、线路控制网 CPⅡ、线路水准基点控制网以及在此基础上为铺轨及运营维护而建立的轨道控制网 CPⅢ。

运营维护控制网是在高速铁路线路竣工后，施工单位交付给运营单位，为运营阶段对高速铁路线路进行变形监测、运营维护的平面高程控制网，它包括基础平面控制网 CPⅠ、线路控制网 CPⅡ、线路水准基点控制网、轨道控制网 CPⅢ和维护基桩。

高速铁路测量工作基本流程如下：

1. 勘测设计阶段

（1）控制网设计。
① 平面控制网设计。
② 高程控制网设计。
（2）初测。
① 建立框架控制网 CP 0、基础控制网 CPⅠ。
② 建立二等水准线路控制网。
（3）定测。
① 建立线路控制网 CPⅡ。
② 建立二等水准线路控制网。

2. 施工阶段

（1）线下工程施工阶段。
① 一般地段利用 CPⅠ、CPⅡ和线路水准基点并根据需要加密施工控制网。
② 重点工程地段建立独立平面、高程控制网。
③ 建立变形监测网。
（2）轨道铺设阶段。
① 建立轨道控制网 CPⅢ。
② 全线二等水准控制网贯通。
③ 建立变形监测网。
④ 加密基桩。
（3）竣工阶段。
① 建立维护基桩。
② 轨道铺设竣工测量。
③ 建立变形监测网。

3. 运营维护阶段

运营监测。

1.1.2 精测网建立的必要性

高速铁路列车运行速度通常为 200～350 km/h，甚至可以达到 400 km/h 以上。为保证客专线路在列车高速行驶条件下的安全和乘坐舒适性，高速铁路线路要达到以下主要要求：
① 严格按设计线形施工，必须确保线路几何参数的精确。
② 确保高速铁路线路高平顺性，精度控制在毫米级范围内。

为达到上述要求，高速铁路线路轨道必须具有高平顺性，其无砟轨道铺设应满足轨道内部几何尺寸（轨道自身尺寸）和外部几何尺寸（轨道与周围建构筑物的相对尺寸）的精度要求。其中内部尺寸描述轨道的几何形状，轨道内部几何尺寸的各项规定是为了给列车的平稳运行提供一个平顺的轨道，即轨道平顺性。除轨距和水平外，还固定了轨道纵向高低和方向的参数、允许扭曲和与高程及中线偏差。

无砟轨道铺设精度应满足表1.1、表1.2中轨道静态平顺度允许偏差的要求。

表1.1 高速铁路无砟轨道静态平顺度允许偏差

项目	无砟轨道	
	允许偏差	检测方法
轨距	±1 mm	基准1 435 mm
	1/1 500	变化率
轨向	2 mm	弦长10 m
	2 mm/8a	基线长48a
	10 mm/240a	基线长480a
高低	2 mm	弦长10 m
	2 mm/8a	基线长48a
	10 mm/240a	基线长480a
水平	2 mm	—
扭曲	2 mm	—
高程偏差	10 mm	—
中线偏差	10 mm	—

注：a为扣件节点间间距。

表1.2 高速铁路道岔（直向）静态平顺度允许偏差

	高低	轨向	水平	扭曲（基长3 m）	轨距	变化率
幅值/mm	2	2	2	2	±1	1/1 500
弦长/mm	10			—		

轨道的绝对定位精度同时还必须满足轨道相对定位精度的要求，即轨道平顺性的要求。由此可见，无砟轨道各级测量控制网精度应同时满足线下工程施工和轨道铺设施工的精度要求，也就是说必须同时满足轨道绝对定位和相对定位的精度要求。而为了满足这两项定位精度的要求，必须建立一套与之相适应的精密工程测量体系。

1.1.3 精密工程测量控制网的特点

（1）确定了高速铁路精密工程测量"三网合一"的测量体系。
① 勘测控制网：CP 0、CPⅠ、CPⅡ、线路水准基点。

②施工控制网：CPⅠ、CPⅡ、线路水准基点、CPⅢ。
③运营维护控制网：CPⅢ、加密维护基桩。

（2）确保了勘测控制网、施工控制网、运营维护控制网测量精度的协调统一。
①勘测控制网、施工控制网、运营维护控制网坐标及高程系统的统一。
②勘测控制网、施工控制网、运营维护控制网起算基准的统一。
③线下工程施工控制网与轨道施工控制网、运营维护控制网的坐标高程系统和起算基准的统一。

（3）确定了高速铁路工程平面控制测量分级布网的布设原则。
①框架平面控制网（CP 0）主要为全线高速铁路平面控制测量提供平面坐标起算基准。
②GPS基础平面控制网（CPⅠ）主要为勘测设计、施工、运营维护提供坐标基准。
③线路控制网（CPⅡ）主要为勘测设计和施工提供控制基准。
④轨道控制网（CPⅢ）主要为轨道提供控制基准。

（4）精测网平面坐标系统采用了边长投影变形值≤10 mm/km（无砟）[25 mm/km（有砟）]的独立坐标系。

（5）确定了高速铁路轨道铺设定位测量必须采用绝对定位与相对定位相结合的模式。

1.2 平面控制网的建立

1.2.1 平面控制网的技术要求

（1）高速铁路工程平面控制网应按逐级控制的原则布设，各级平面控制网设计主要技术要求应符合表1.3的规定。

表1.3 各级平面控制网设计主要技术要求

控制网	测量方法	测量等级	点间距	相邻点的相对中误差/mm	备注
CP 0	GPS	—	50 km	20	
CPⅠ	GPS	二等	点对≤4 km	10	点对≥800 m
CPⅡ	GPS	三等	600~800 m	8	附合导线网
	导线	三等	400~800 m	8	
CPⅢ	自由测站边角交会	—	点对50~70 m	1	

注：1. CPⅡ采用GPS测量时，CPⅠ可按4 km一个点布设。
　　2. 相邻点的相对中误差为平面x、y坐标分量中误差。

（2）各级平面控制网的主要技术要求应符合以下规定。

① CP 0、CPⅠ、CPⅡ控制网 GPS 测量的精度指标应符合表 1.4 规定。

② CPⅡ控制网导线测量的主要技术要求应符合表 1.5 规定。

③ CPⅢ平面控制网的主要技术要求应符合表 1.6 规定。

表 1.4　CP 0、CPⅠ、CPⅡ控制网 GPS 测量的精度指标

控制网级别	基线边方向中误差	最弱边相对中误差
CP 0	—	1/2 000 000
CPⅠ	≤1.3″	1/180 000
CPⅡ	≤1.7″	1/100 000

表 1.5　CPⅡ控制网导线测量主要技术要求

控制网	附合长度/km	边长/m	测距中误差/mm	测角中误差/(″)	相邻点位坐标中误差/mm	导线全长相对闭合差限差	方位角闭合差限差/(″)	对应导线等级
CPⅡ	≤5	400～800	5	1.8	8	1/55 000	$\pm 3.6\sqrt{n}$	三等

表 1.6　CPⅢ平面网导线测量的主要技术要求

控制网名称	测量方法	方向观测中误差/(″)	测距中误差/mm	相邻点位相对中误差/mm
CPⅢ平面网	自由测站边角交会	1.8	1.0	1.0

④ 当同一测区内，导线环（段）数超过 20 个时，必须按式（1.1）计算测角中误差。

$$m_\beta = \pm\sqrt{\frac{1}{n}\left[\frac{f_\beta^2}{n}\right]} \tag{1.1}$$

式中　f_β——导线环（段）的角度闭合差，(″)；

　　　n——导线环（段）的测角个数；

　　　N——导线环（段）的个数。

（3）GPS 测量应符合以下规定：

① 各等级 GPS 测量控制网的主要技术指标，应符合表 1.7 规定。

② 各等级控制网基线长度中误差应按式（1.2）计算。

$$\sigma = \pm\sqrt{a^2 + (b \times d)^2} \tag{1.2}$$

式中　σ——基线长度中误差，mm；

　　　a——固定误差，mm；

　　　b——比例误差系数，mm/km；

　　　d——基线或环的平均边长，km；

表 1.7　各等级 GPS 测量控制网的主要技术指标

等级	固定误差 a/mm	比例误差系数 b/(mm/km)	基线方位角中误差/(″)	约束点间的边长相对中误差	约束平差后最弱边边长相对中误差
一等	≤5	≤1	0.9	1/500 000	1/250 000
二等	≤5	≤1	1.3	1/250 000	1/180 000
三等	≤5	≤1	1.7	1/180 000	1/100 000
四等	≤5	≤2	2	1/100 000	1/70 000
五等	≤10	≤2	3	1/70 000	1/40 000

注：当基线长度小于 500 m 时，一、二、三等边长中误差应小于 5 mm，四等边长中误差应小于 7.5 mm，五等边长中误差应小于 10 mm。

③ 各等级 GPS 测量作业的基本技术要求，应符合表 1.8 之规定。

表 1.8　各等级 GPS 测量作业的基本技术要求

	等级 项目	一等	二等	三等	四等	五等
静态测量	卫星截止高度角/(°)	≥15	≥15	≥15	≥15	≥15
	同时观测有效卫星数	≥4	≥4	≥4	≥4	≥4
	有效时段长度/min	≥120	≥90	≥60	≥45	≥40
	观测时段数	≥2	≥2	1~2	1~2	1
	数据采样间隔/s	10~60	10~60	10~60	10~30	10~30
	接收机类型	双频	双频	双频	单/双频	单/双频
	PDOP（GDOP）	≤6	≤6	≤8	≤10	≤10
快速静态测量	卫星截止高度角/(°)	—	—	—	≥15	≥15
	有效卫星总数	—	—	—	≥5	≥5
	观测时间/min	—	—	—	5~20	5~20
	平均重复设站数	—	—	—	≥1.5	≥1.5
	数据采样间隔/s	—	—	—	5~20	5~20
	PDOP（GDOP）	—	—	—	≤7（8）	≤7（8）

注：平均重复设站数≥1.5 是指至少有 50% 的点设站两次。

④ GPS 测量除满足以上规定外，尚应符合原铁道部《铁路工程卫星定位测量规范》TB 10054—2010 的各项要求。

（4）导线控制网可布设成附和导线、闭合导线或导线网。各等级导线测量应符合下列规定。

① 导线测量的主要技术要求应符合表 1.9 的规定。

② 导线测量所使用的仪器应在有效检定期内，作业前应按规定进行必要的检校。

③ 光电测距仪、全站仪的作业技术要求也应满足下述要求。

表1.9 导线测量的主要技术要求

等级	测角中误差/(″)	测距相对中误差	方位角闭合差/(″)	导线全长相对闭合差	测回数			
					0.5″级仪器	1″级仪器	2″级仪器	6″级仪器
二等	1.0	1/250 000	$2.0\sqrt{n}$	1/100 000	6	9	—	
隧道二等	1.3	1/250 000	$2.6\sqrt{n}$	1/100 000	6	9	—	
三等	1.8	1/150 000	$3.6\sqrt{n}$	1/55 000	4	6	10	
四等	2.5	1/80 000	$5\sqrt{n}$	1/40 000	3	4	6	
一级	4.0	1/40 000	$8\sqrt{n}$	1/20 000	—	2	2	
二级	7.5	1/20 000	$15\sqrt{n}$	1/12 000	—	—	1	3

注：1. 表中 n 为测站数。
2. 当边长短于 500 m 时，二等边长中误差应小于 2.5 mm；四等、一级边长中误差应小于 5 mm；二级边长中误差应小于 7.5 mm。
3. 水平角观测宜采用方向测回法，并符合表 1.10 之规定。
4. 边长测量技术要求应符合表 1.11 之规定。
5. 测距边的斜距应进行气象和仪器常数修正。气压，气温读数取位应符合表 1.12 之规定。三等及以上等级测量应在测站点和棱镜点分别测记，四等及以下可在测站点进行测记。当测边两端气象条件差异较大时，应在测站点和棱镜点分别测记，取两端平均值进行气象修正；当测区平坦，气象条件差异不大时，四等及以下等级可记录上午和下午的平均气压、气温。

表1.10 水平角方向观测法技术要求

等级	仪器等级	半测回归零差/(″)	一测回2C互差/(″)	同一方向各测回互差/(″)
四等及以上	0.5″级仪器	4	8	4
	1″级仪器	6	9	6
	2″级仪器	8	13	8
一级及以下	2″级仪器	12	18	12
	6″级仪器	18	—	24

注：当观测方向的垂直角超过±3°的范围时，该方向2C互差可按相邻测回同方向进行比较，其值应满足表中一测回2C互差的限制。

表1.11 边长测量技术要求

等级	测距仪精度等级	每边测回数		一测回读数较差限值/mm	测回间较差限值/mm	往返观测平距较差限值/mm
		往测	返测			
二等	Ⅰ	4	4	2	3	$2m_D$
	Ⅱ	2	2	5	7	
三等	Ⅰ	4	4	2	3	$2m_D$
	Ⅱ	2	2	5	7	

续表

等级	测距仪精度等级	每边测回数		一测回读数较差限值/mm	测回间较差限值/mm	往返观测平距较差限值/mm
		往测	返测			
四等	Ⅰ	2	2	2	3	$2m_D$
	Ⅱ			5	7	
	Ⅲ	4	4	10	15	
一级及以下	Ⅰ	2	2	2	3	$2m_D$
	Ⅱ			5	7	
	Ⅲ			10	15	
	Ⅳ	4	4	20	30	

注：1. 一测回是全站仪盘左盘右各测量一次的过程。

2. 测距仪精度等级划分如下：

Ⅰ级　$m_d \leq 2$ mm　　　　Ⅱ级　2 mm $< m_d \leq 5$ mm

Ⅲ级　5 mm $< m_d \leq 10$ mm　　Ⅳ级　10 mm $< m_d \leq 20$ mm

m_d 为每公里测距标准偏差。即按测距仪出厂标称精度的绝对值，归算到 1 km 的测距标准偏差。

$$3m_D = a + b \times D \tag{1.3}$$

式中　m_D——仪器测距中误差，mm；

　　　a——标称精度中的固定误差，mm；

　　　b——标称精度中的比例系数，mm/km；

　　　D——测距长度，km。

表 1.12　气压、气温读数取位要求

测量等级	干湿温度表/ °C	气压表/hPa
二等	0.2	0.5
三等	0.2	0.5
四等	0.5	1.0
一级及以下	1.0	2.0

注：1 hPa=100 Pa。

（5）隧道洞内 CPⅡ控制网应在隧道贯通后，采用导线测量方法测设，洞内 CPⅡ导线测量应满足表 1.13 之规定。

（6）各等级三角形网测量应符合以下规定：

① 三角形网测量的主要技术要求应符合表 1.14 之规定；

② 三角形网水平角和边长测量，尚应符合表 1.10、表 1.11、表 1.12 之规定；

③ 当三角形个数超过 20 个时，应按式（1.4）计算三角形网测角中误差。

$$m_\beta = \pm\sqrt{\frac{[WW]}{3n}} \tag{1.4}$$

式中　　m_β——测角中误差，(″)；

　　　　W——三角形内角和闭合差，(″)；

　　　　n——三角形个数。

表 1.13　隧道洞内 CPⅡ 导线测量主要技术要求

控制网级别	附合长度/km	边长/m	测距中误差/mm	测角中误差/(″)	相邻点位坐标中误差/mm	导线全长相对闭合差限差	方位角闭合差限差/(″)	对应导线等级	备注
CPⅡ	$L\leqslant 2$	300~600	3	1.8	7.5	1/55 000	$\pm 3.6\sqrt{n}$	三等	单导线
CPⅡ	$2<L\leqslant 7$	300~600	3	1.8	7.5	1/55 000	$\pm 3.6\sqrt{n}$	三等	导线网
CPⅡ	$L>7$	300~600	3	1.3	5	1/100 000	$\pm 2.0\sqrt{n}$	隧二等	导线网

注：导线网独立闭合环的边数以 4~6 条边为宜。

表 1.14　三角形网测量的主要技术指标

等级	测角中误差/(″)	三角形最大闭合差/(″)	测边相对中误差	最弱边边长相对中误差	测回数		
					0.5″级仪器	1″级仪器	2″级仪器
二等	1.0	3.5	1/250 000	1/120 000	6	9	/
三等	1.8	7.0	1/150 000	1/70 000	4	6	9
四等	2.5	9.0	1/100 000	1/40 000	2	4	6

1.2.2　框架平面控制网（CP 0）

框架平面控制网（CP 0）由勘测设计单位在勘测时建立，综合考虑整条高速铁路线路走向后布设控制点，采用高精度的 GPS 接收机进行外业观测和内业整体平差，以保证控制网的精度达到规定要求。

（1）CP 0 控制网在勘测阶段采用 GPS 测量方法建网，应沿线路走向布设，一般每 50 km 左右布设一个点，全线应一次性布网，统一测量，整体平差。另外，在线路的起点和终点应布设 CP 0 控制点。

（2）CP 0 控制网以 WGS-84 坐标系或 2000 国家大地坐标系作为坐标基准，以联测的 2000 国家大地坐标系 A、B 级 GPS 控制点作为起算点，进行控制网整体三维约束平差。并将 WGS-84 坐标系或 2000 国家大地坐标系的三维坐标转换为高速铁路工程独立平面坐标。

（3）CP 0 控制网的布网及测量要求。

① 每个 CP 0 站点与其相邻的 CP 0 站点的连接数不小于 3 个，联测的 GPS 永久性

跟踪站点语气相邻的 CP 0 站点的连接数不小于 2 个。

②CP 0 站点宜与国家地壳变形监测站点或国家 B 级以上 GPS 永久性跟踪点进行联测，联测的站点不少于 2 个。

③应使用标称精度不低于 5 mm+1 ppm 的双频 GPS 接收机，同步观测的 GPS 接收机不少于 4 台。

④各个观测时段应昼夜均匀分布，夜间观测时段数应不少于 1 个。每个观测时段不宜跨越北京时间早 8 点（GPS 时间 0 点）。

（4）CP 0 控制网数据处理要求。

①基线解算和整网平差应采用适合长基线的高精度 GPS 解算软件，采用精密星历解算。

②应采用多基线解算模式进行基线解算，计算结果应包括相应的协方差阵。

③基线解算和整网平差时，引入的起算点坐标位置基准应为 ITRF 或 IGS 国际地球参考框架下的坐标成果，该坐标框架应与采用精密星历坐标框架保持一致。起算点选用联测的 GPS 永久性跟踪站点其点位坐标精度应优于 0.1 m。

④基线解算过程中各项内部数据处理质量标准应符合规范要求。

⑤CP 0 整体自由网平差时，应利用联测站点的已知坐标成果对平差结果作外部的数据处理质量检核，亦即采用一个已知点作为位置基准，比较其他已知点的自由网平差坐标和已知坐标间的插值，该差值的绝对值应小于 0.2 m，且由此坐标差值计算得到的两个已知点间基线的长度相对误差应小于 0.3×10^{-6}。

⑥CP 0 控制网复测的方法和精度要求应与原测相同。CP 0 控制网复测成果转换为平面坐标后与原测成果的 x、y 坐标较差限差应为 ±20 mm，当较差满足限差要求时，采用原测成果，否则应按同精度扩展方法更新坐标成果。

1.2.3 基础平面控制网（CPⅠ）

（1）CPⅠ控制点一般沿线路走向布设。点位宜设在距线路中心 50~1 000 m 范围内不易被施工破坏、稳定可靠、便于测量的地方。控制点宜兼顾沿线桥梁、隧道及其他大型构筑物布设施工控制网的需要。

（2）CPⅠ应采用边联结方式构网，形成由三角形或大地四边形组成的带状网。在线路起终点或与其他线路平面控制网衔接地段，必须有 2 个以上的 CPⅠ控制点相重合，并在测量成果中反映出相互关系。CPⅠ控制网宜与附近的已知水准点联测。

（3）CPⅠ控制网应与沿线的国家或城市三等及以上的平面控制点联测，一般宜每 50 km 联测一个平面控制点。当联测的个数为 2 个时，应尽量分布在网的两端；当联测点数为 3 个及以上时，宜在网中均匀分布。

（4）CPⅠ控制网平差及坐标转换的规定：

①首先进行 GPS 基线网三维无约束平差，然后将已联测的 CP 0 控制点作为固定

点进行CPⅠ控制网的三维约束平差，计算CPⅠ控制点的空间坐标；

② 根据独立坐标系投影带的划分，将CPⅠ控制网的空间坐标分别投影到相应的坐标投影带中，计算CPⅠ控制点的工程独立坐标；

③ 转换到国家或城市平面坐标系统时，以联测的国家或城市平面控制点作为固定点进行CPⅠ控制网的二维约束平差，计算CPⅠ控制点的国家或城市平面坐标。

1.2.4 线路平面控制网（CPⅡ）

（1）CPⅡ应在CPⅠ基础上采用GPS测量或导线测量方法施测。

（2）CPⅡ控制点的布设一般选在离线路中线50～200 m，且不易被破坏的区域范围。

（3）在线路起终点及不同单位测量衔接地段，应联测2个以上CPⅡ控制点作为共同点，并在测量成果中反映出相互关系。

（4）CPⅡ采用GPS测量时应满足下列要求：

① CPⅡ控制点应有良好的对空通视条件，点间距应为600～800 m，相邻点之间应通视，特别困难地区至少有一个通视点，以满足定测放线和施工测量的需要；

② CPⅡ控制点分段起止于CPⅠ控制点，测量等级及精度要求应满足规范规定；

③ CPⅡ网采用边联结方式构网，形成由三角形或大地四边形组成的带状网，并与CPⅠ联测构成附合网；

④ CPⅡ网坐标转换宜在GPS基线网三维无约束平差的基础上，以联测CPⅠ控制网作为约束点分带进行二维约束平差，计算CPⅡ控制点的工程独立坐标。

（5）CPⅡ采用导线测量时应满足下列技术要求：

① 导线测量应起止于CPⅠ控制点；

② 导线测量水平角观测、导线边长测量按三等导线测量的技术要求执行；

③ 隧道洞内CPⅡ控制网应在隧道贯通后，采用导线测量方法测设，小于2 km的隧道可采用单导线测量，2 km及以上的隧道采用导线环、旁点导线测量；

④ CPⅡ导线应在方位角闭合差及导线全长相对闭合差满足规定要求后，采用严密平差方式进行整体平差计算，测量精度应满足规范要求。

1.3 高程控制网的建立

高速铁路高程控制测量按建设阶段可分为勘测高程控制测量、线路水准基点高程测量、CPⅢ控制点高程测量；按精度等级可分为二等、精密水准、三等、四等、五等水准测量五个等级。不同精度等级的水准测量技术标准应符合国家现行水准测量规范要求，国家标准中未规定的应按高速铁路测量规范执行。对于精密水准及以上等级水准测量,应优先使用电子水准仪测量,线路水准点应布设成附合或闭合水准路线,按规定方法测量,并按严密平差要求进行成果计算。

1.3.1 高程控制测量一般要求

高速铁路高程控制测量等级及布点要求按表 1.15 执行。

表 1.15 高程控制测量等级及布点要求

控制网级别	测量等级	点间距
勘测高程控制测量	二等/四等	≤4 km
线路水准基点测量	二等	≤2 km
CPⅢ控制点高程测量	精密水准	≤100 m

注:1. 长大桥隧及特殊路基结构施工高程控制网等级应按相关专业要求执行。
　　2. 高速铁路工程测量控制网应按二等水准测量执行。在勘测阶段,不具备二等水准测量条件时,可分两阶段实施,即:勘测阶段按四等水准测量执行,线下工程施工前,全线应按二等水准测量要求建立线路水准基点控制网。

1.3.2 高程控制测量各等级水准测量精度要求

(1)各等级高程控制网技术要求应符合表 1.16 之规定。

表 1.16 高程控制网的技术要求

水准测量等级	每千米水准测量偶然中误差 M_Δ/mm	每千米水准测量全中误差 M_W/mm	附合路线长度或环线周长/km	
			附合路线长	环线周长
二等	≤1	≤2	≤400	≤750
精密水准	≤2	≤4	≤3	/
三等	≤3	≤6	≤150	≤200
四等	≤5	≤10	≤80	≤100
五等	≤7.5	≤15	≤30	≤30

表中 M_Δ、M_W 应按式(1.5)、式(1.6)计算:

$$M_\Delta = \sqrt{\frac{1}{4n}\left[\frac{\Delta\Delta}{L}\right]} \tag{1.5}$$

$$M_W = \sqrt{\frac{1}{N}\left[\frac{WW}{L}\right]} \tag{1.6}$$

式中　Δ——测段往返高差不符值,mm;
　　　L——测段长或环线长,km;
　　　W——附合或环线闭合差,mm;

N——水准路线环数。

（2）线路水准基点控制网、轨道控制网（CPⅢ）的高程控制测量及布点要求应按表 1.17 执行。长大桥梁、隧道及特殊路基结构等施工高程控制网尚应根据相关专业规范确定测量等级和布设要求。

表 1.17 高程控制网测量等级及布点要求

控制网级别	测量等级	点间距
线路水准基点测量	二等	≤2 km
CPⅢ控制点高程测量	精密水准	50～70 m

（3）各等级水准测量限差控制应按表 1.18 执行。

表 1.18 水准测量限差要求

水准测量等级	测段往返测高差不符值		测段左右路线高差不符值	附合路线或闭合路线闭合差		检测已测段高差之差
	平原	山区		平原	山区	
二等	$\pm 4\sqrt{K}$	$\pm 0.8\sqrt{n}$	—	$\pm 4\sqrt{L}$		$\pm 6\sqrt{R_i}$
精密水准	$\pm 8\sqrt{K}$		$\pm 6\sqrt{K}$	$\pm 8\sqrt{L}$		$\pm 8\sqrt{R_i}$
三等	$\pm 12\sqrt{K}$	$\pm 2.4\sqrt{n}$	$\pm 8\sqrt{K}$	$\pm 12\sqrt{L}$	$\pm 15\sqrt{L}$	$\pm 20\sqrt{R_i}$
四等	$\pm 20\sqrt{K}$	$\pm 4\sqrt{n}$	$\pm 14\sqrt{K}$	$\pm 20\sqrt{L}$	$\pm 25\sqrt{L}$	$\pm 30\sqrt{R_i}$
五等	$\pm 30\sqrt{K}$		$\pm 20\sqrt{K}$	$\pm 30\sqrt{L}$		$\pm 40\sqrt{R_i}$

注：1. K 为测段水准路线长度；L 为附合或闭合水准路线长度；R_i 为检测测段长度，其单位均为 km；n 为测段水准测量站数。
2. 当山区水准测量每公里测站数 $n \geq 25$ 站以上，采用测站数计算高差测量限差。

1.3.3 各等级水准观测技术要求

（1）各等级水准测量采用的最低精度等级光学水准仪型号应符合铁路相应等级水准测量的规定，同时对配套的水准尺、视距、每测站前后视距差、测段前后视距累积差、视线高度等规定均应符合表 1.19 之规定。若水准测量采用电子水准仪，则视距、每测站前后视距差、测段前后视距累积差、视线高度等要求与光学水准仪不同，对二等、精密水准测量要求电子水准仪重复测量 2 次以上，三、四等水准测量要求电子水准仪重复测量 1 次以上即可，具体要求亦见表 1.19。

（2）水准路线跨越江河、沟堑时，应参照现行国家标准《国家一、二等水准测量规范》GB/T12897 和铁路标准《铁路工程测量规范》TB10101 中跨河水准测量有关规定执行。

表 1.19 水准观测主要技术要求

等级	水准仪最低型号	水准尺类型	视距/m 光学	视距/m 电子	前后视距差/m 光学	前后视距差/m 电子	测段前后视距累积差/m 光学	测段前后视距累积差/m 电子	视线高度/m 光学(下丝读数)	视线高度/m 电子	电子水准仪重复测量次数
二等	DS$_1$	铟瓦	≤50	≥3且≤50	≤1.0	≤1.5	≤3.0	≤6.0	≥0.3	≥0.55且≤2.8	≥2次
精密水准	DS$_1$	铟瓦	≤60	≥3且≤60	≤1.5	≤2.0	≤3.0	≤6.0	≥0.3	≥0.45且≤2.8	≥2次
三等	DS$_1$	铟瓦	≤100	≤100	≤2.0	≤3.0	≤5.0	≤6.0	三丝能读数	≥0.35	≥1次
三等	DS$_2$	双面木尺单面条码	≤75	≤75	≤2.0	≤3.0	≤5.0	≤6.0	三丝能读数	≥0.35	≥1次
四等	DS$_1$	双面木尺单面条码	≤150	≤100	≤3.0	≤5.0	≤10.0	≤10.0	三丝能读数	≥0.35	≥1次
四等	DS$_3$	双面木尺单面条码	≤100	≤100	≤3.0	≤5.0	≤10.0	≤10.0	三丝能读数	≥0.35	≥1次
五等	DS$_3$	双面木尺单面条码	≤100	≤100	大致相等	—			中丝能读数	≥0.35	≥1次

1.3.4 水准测量计算取位

精密及二等水准测量要求采用 DS$_1$ 以上光学水准仪配套铟瓦水准尺测量,其最小估读位数为 0.01 mm;高速铁路测量中精密及二等水准测量通常采用 DZS$_{03}$ 及以上的电子水准仪测量,其最小显示精度为 0.001 mm,前后视距均精确到 0.01 m。根据相关测量规范规定,高速铁路等级水准测量成果计算的数值取位要求见表 1.20。

表 1.20 水准测量计算取位

等级	往(返)测距离总和/km	往(返)测距离中数/km	各测站高差/mm	往(返)测高差总和/mm	往(返)测高差中数/mm	高程/mm
二等、精密水准	0.01	0.1	0.01	0.01	0.1	0.1
三、四等	0.01	0.1	0.1	0.1	0.1	1
五等	0.1	0.1	0.1	0.1	0.1	1

1.3.5 光电测距三角高程测量

(1)光电测距三角高程测量,宜布设成三角高程网或高程导线,视线高度和避开障碍物的距离应≥1.2 m。高程导线的闭合长度不应超过相应等级水准路线的最大长度。

(2)各等级光电测距三角高程测量的限差应符合表 1.21 之规定。

表 1.21 光电测距三角高程测量限差

测量等级	对向观测高差较差	附合或闭合导线高差闭合差	检测已测段高差之差
三等	$\pm 25\sqrt{D}$	$\pm 12\sqrt{\sum D}$	$\pm 20\sqrt{L_i}$
四等	$\pm 40\sqrt{D}$	$\pm 20\sqrt{\sum D}$	$\pm 30\sqrt{L_i}$
五等	$\pm 60\sqrt{D}$	$\pm 30\sqrt{\sum D}$	$\pm 40\sqrt{L_i}$

注：D 为测距边长；L_i 为测段间累计测距边长，以 km 计。

（3）光电测距三角高程测量观测主要技术要求按表 1.22 执行。

（4）三等光电测距三角高程测量应按单程双对向或双程对向方法进行两组独立对向观测。测站间两组对向观测高差的平均值之较差 $\leqslant \pm 12\sqrt{D}$ mm。

表 1.22 光电测距三角高程测量观测的主要技术要求

等级	仪器等级	边长/m	观测方式	测距边测回数	垂直角测回数	指标差较差/(″)	测回间垂直角较差/(″)
三等	1″	≤600	2 组对向观测	2	4	5	5
四等	2″	≤800	对向观测	2	3	7	7
五等	2″	≤1 000	对向观测	1	2	10	10

（5）光电测距三角高程测量还应满足以下要求：

① 光电测距三角高程测量可结合平面导线测量同时进行。

② 仪器高和棱镜高量测，应在测前、测后各测一次，两次互差应 ≤2 mm。三、四等测量时，宜采用测尺或测杆量测。

③ 距离应采用Ⅱ级及以上精度的测距仪观测，取位至 mm。测距限差应符合规范规定。导线点应作为高程转点，转点间的距离和竖直角应对向观测，并宜在同一气象条件下完成。计算高差时应考虑地球曲率影响作相应修正。两点间高差采用对向观测平均值。

④ 测距时，应同时测定气温和气压。气温精确至 0.5 ℃，气压精确至 1.0 hPa，并在斜距中加入气象修正。

⑤ 光电测距三角高程测量，观测时间的选择取决于成像稳定与否。在日出、日落时，大气竖直方向折射率变化较大，不宜进行长边观测。

（6）精密光电测距三角高程测量的技术要求如下：

① 精密光电测距三角高程测量主要用于困难山区代替二等水准测量，所采用的全站仪应具有自动识别目标功能，仪器标称精度：测角 ≥0.5″；测距 ≥1 mm+1×10^{-6}。

② 棱镜和对中杆应为专用器材，棱镜的安装误差 ≤0.1 mm，并使用特制的水准点对中棱镜杆。

③ 精密光电测距三角高程测量观测时应采用两台全站仪同时对向观测，在同一测

段上对向观测的边数为偶数，不量取仪器高和棱镜高，观测距离一般控制在 500 m≤ L≤1 000 m，竖直角宜≤10°，测段起止观测应为同一全站仪和棱镜杆，观测距离在 20 m 内时，距离应大致相等。

④ 精密光电测距三角高程测量观测的主要技术指标应按表 1.23 执行。

⑤ 精密光电测距三角高程测量应采用往返观测，观测时应测定气温和气压。气温精确至 0.5 ℃，气压精确至 1.0 hPa，并在斜距中加入气象修正。

⑥ 精密光电测距三角高程测量其他技术指标尚应符合相关专业规范要求。

表 1.23 精密光电测距三角高程测量观测的主要技术指标

等级	边长/m	测回数/('')	指标差较差/('')	测回间垂直角较差/('')	测回间测距较差/m	测回间高差较差/mm
二等	≤100	2	5	5	3	$\pm 4\sqrt{D}$
	100~500	4				
	500~800	6				
	800~1 000	8				

注：D 为测站点和棱镜点之间的水平距离，以 km 计。

1.3.6 线路水准基点测量

（1）线路水准基点应沿线路布设成附合路线或闭合路线，长大桥梁隧道及特殊路基结构地段应根据实际情况增设水准点。水准点可与平面控制点共用，也可单独设置。

（2）线路水准基点距线路中线 50~300 m 为宜，每 2 km 设置一个，水准点埋设应符合以下要求：

① 水准点应选在土质坚实、不易破坏、观测方便和利于长期保存的地方；

② 冻土线超过 1.4 m 的地区普通水准基点标石应埋设在冻土线 0.3 m 以下，以保证线路水准基点的稳定。

（3）为保证高速铁路施工顺利和保障运营维护的需要，结合沿线工程地质条件，在软土地段、地下水超采严重及地表沉降不均匀地区，宜按每 10 km 设置一个深埋水准点，每 50 km 设置一个基岩水准点。

（4）线路水准基点按二等水准测量要求施测。水准路线一般长宜 150 km 左右，最长不应超过 400 km，且宜与国家一、二等水准点联测。线路水准基点控制网全线（段）应一次布网测量。

（5）线路水准基点测量应采用水准测量方法。地形条件比较复杂采用常规水准测量操作有困难的地区，可采用精密三角高程测量代替二等水准测量。

（6）二等水准测量应进行往返观测，测站总数应为偶数，以下是测站观测顺序：

往测：奇数站：后—前—前—后；

偶数站：前—后—后—前。

返测：奇数站：前—后—后—前；

偶数站：后—前—前—后。

（7）线路水准基点测量应在全线测量贯通后进行严密平差。

（8）每完成一条水准路线的测量，应进行往返测高差不符值及每公里水准测量的偶然中误差 M_Δ 的计算，每公里水准测量偶然中误差 M_Δ 按式（1.5）计算。

（9）每完成一条附合路线或闭合路线的水准测量，对观测高差进行各项修正后计算附合路线或闭合路线的闭合差，当构成水准网的附合段数或闭合环数超过 20 个时，尚需按闭合差 W 计算每公里水准测量的全中误差 M_W。每公里水准测量全中误差 M_W 按式（1.6）计算。

1.4 高速铁路 CPⅢ精密控制网的布设及测量

1.4.1 CPⅢ控制测量概述

1. 高速铁路控制网关键技术

为满足高速铁路施工及运营需要，必须建立专用的高速铁路测量控制网，该测量工作的关键技术如图 1.1 所示，具体有以下 6 项工作：

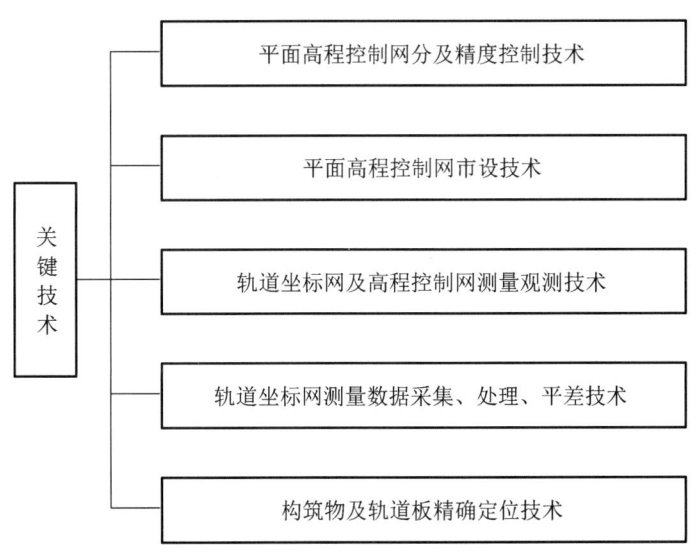

图 1.1 高速铁路工程测量主要测量技术

① 按 B 级控制网要求，布设 CPⅠ点对；

② 设计和埋设基岩水准点和深埋水准点，按二等水准进行高程测量；

③ 开展 GPS 控制网测量，精密处理 GPS 观测数据；
④ 布设 CPⅡ点，开展导线网测量；
⑤ 布设 CPⅢ点，开展轨道控制网测量；
⑥ 建立满足轨道施工及维护的坐标系。

2. 平面控制网布设分级

铁标《高速铁路工程测量规范》TB 10601—2009 中规定平面控制分三级布设：
① 第一级为基础平面控制网（CPⅠ），为勘测、施工、运营维护提供坐标基准；
② 第二级为线路控制网（CPⅡ），为勘测和施工提供控制基准；
③ 第三级为轨道控制网（CPⅢ），为铺设无砟轨道和运营维护提供控制基准。

1.4.2 CPⅠ、CPⅡ布测方法

CPⅠ沿线路走向，每 4 km 一个或一对点，按铁路 B 级 GPS 测量要求施测。基线边方向中误差≤±1.3″，最弱边相对中误差≤1/170 000。

CPⅡ在 CPⅠ的基础上采用 GPS 测量或导线测量方法施测。点间距 800～1 000 m。GPS 测量按铁路 C 级要求施测。基线边方向中误差≤±1.7″，最弱边相对中误差≤1/100 000；导线测量等级为四等，测角中误差≤±2.5″，相对闭合差≤1/40 000。

1.4.3 CPⅢ控制点布测方法

CPⅢ控制点布设与 CPⅠ、CPⅡ控制点关系如图 1.2 所示。

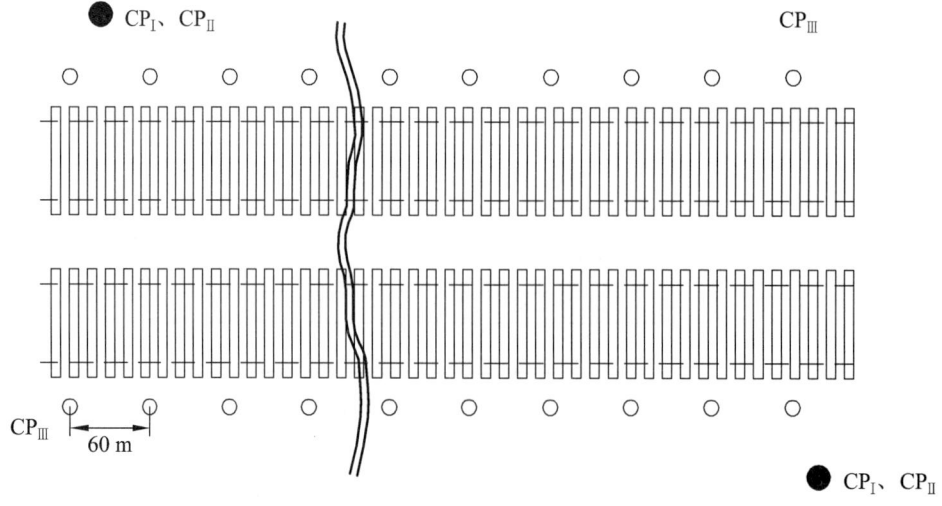

图 1.2　CPⅢ控制点布设及与 CPⅠ、CPⅡ控制点关系的平面示意图

1. CPⅢ控制点的元器件

采用工厂精加工元器件（要求采用数控机床），用不易腐蚀的金属材料制作，如图 1.3 为 CPⅢ器件完整示意图。同一条高速铁路线路应采用统一的 CPⅢ棱镜组件。CPⅢ控制点应设置强制对中标志，标志连接件的加工误差不大于 0.05 mm。

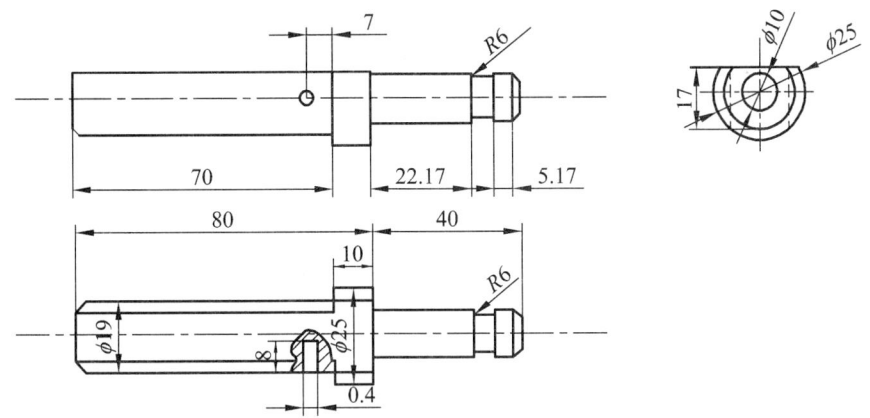

图 1.3　CPⅢ器件完整示意图（单位：mm）

2. CPⅢ控制点点位布设

（1）CPⅢ控制点之间距离布置一般为 60 m 左右，最大不应大于 80 m，CPⅢ控制点布设高度应与轨道面高度保持一致的高度间距。高速铁路 CPⅢ控制点在隧道、路基及桥梁上布设的位置要求见图 1.4、图 1.5 和图 1.6 所示。

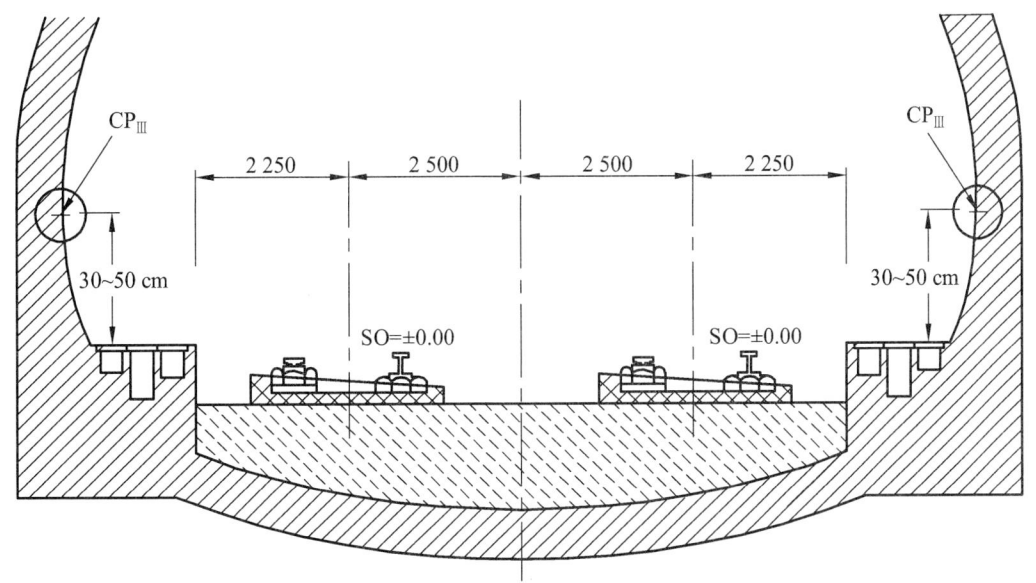

图 1.4　隧道内 CPⅢ控制点位置示意图（单位：mm）

注：标记点设置在二衬上，位置距电缆槽边墙表面约 1 m。

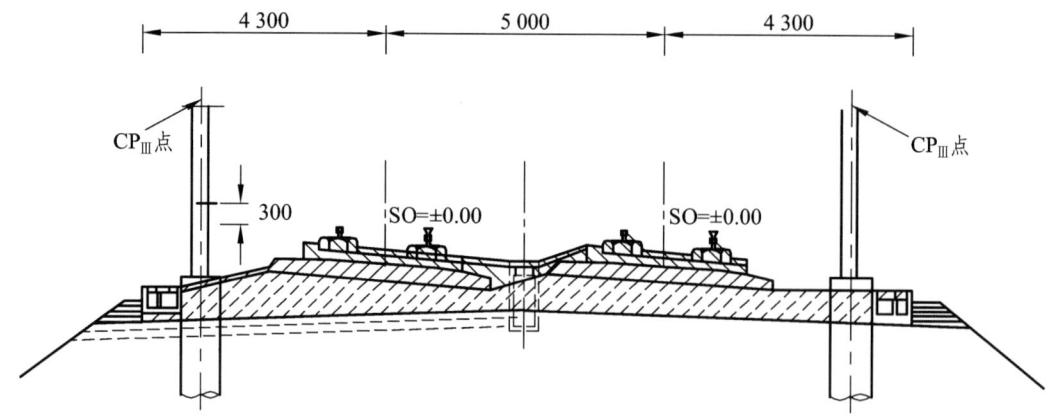

图 1.5 路基地段 CP Ⅲ 控制点位置示意图（单位：mm）

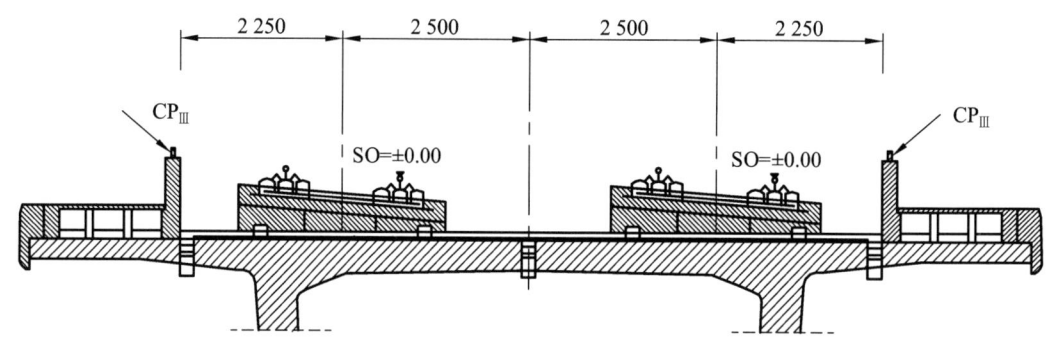

图 1.6 桥梁上 CP Ⅲ 控制点位置示意图（单位：mm）

（2）CP Ⅲ控制点和自由测站的编号应具有唯一性，以利查找。编号规则按铁标《高速铁路工程测量规范》TB 10601—2009 有关条款执行。

3. CPⅢ平面网测量的仪器要求

（1）使用的全站仪应具有自动目标搜索、自动照准、自动观测、自动记录功能，其标称精度应满足：方向测量中中误差≤1″，测距中误差≤1mm+2×10^{-6}。

（2）观测前应对全站仪检校，作业期间须在有效检定期内。边长观测应进行温度和气压修正，温度读数精确至 0.2 ℃，气压读数精确至 50 Pa。

（3）每台仪器应配置一定数量的棱镜，使用前应按规范要求对棱镜进行检测。

4. CPⅢ平面控制网构网形式

（1）CP Ⅲ平面控制网宜采用图 1.7 所示的构网形式。平面观测测站间距应为 120 m 左右，自由测站到 CP Ⅲ控制点的最远观测距离≤180 m，每个 CP Ⅲ控制点应有三个方向交会。

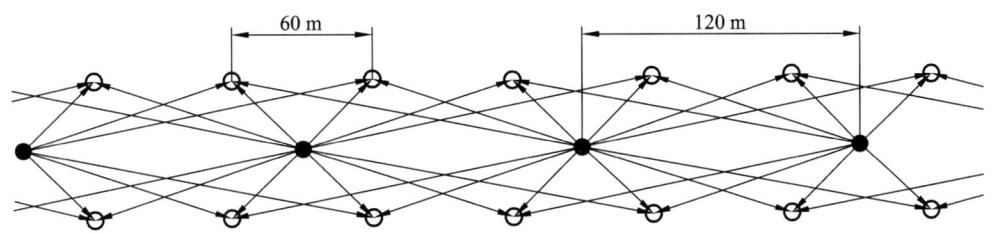

图 1.7　测站间距为 120 m 的 CPⅢ平面控制网构型示意图

○—CPⅢ控制点；●—自由测站点；←—观测方向

（2）当在曲线段或遇施工干扰或观测条件差时，CPⅢ平面控制网可采用图 1.8 的构网形式。平面观测测站间距应为 60 m 左右，每个 CPⅢ控制点应有四个方向交会。此外，当遇到大跨度连续梁时，相邻 CPⅢ控制点间距会出现接近 80 m 的情况，这时也可考虑图 1.8 的构网形式。

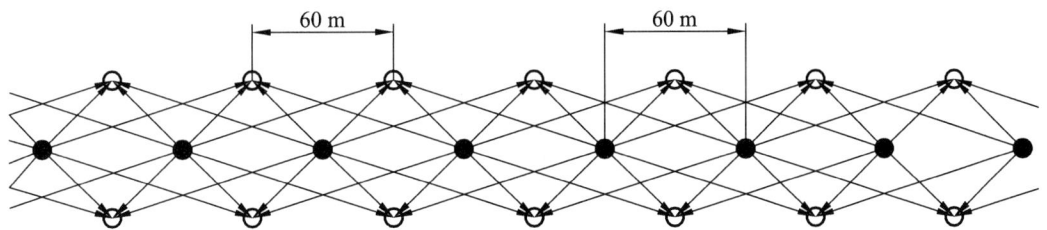

图 1.8　测站间距为 60 m 的 CPⅢ平面控制网构型示意图

○—CPⅢ控制点；●—自由测站点；←—观测方向

5. CPⅢ平面网测量方法

（1）CPⅢ控制网采用自由设站交会网（后方交会网）方法测量，自由测站的测量，从每个自由站，将以 2×3 个 CPⅢ控制点为测量目标，每次测量应保证每个点测量 3 次，方法如图 1.9 所示。

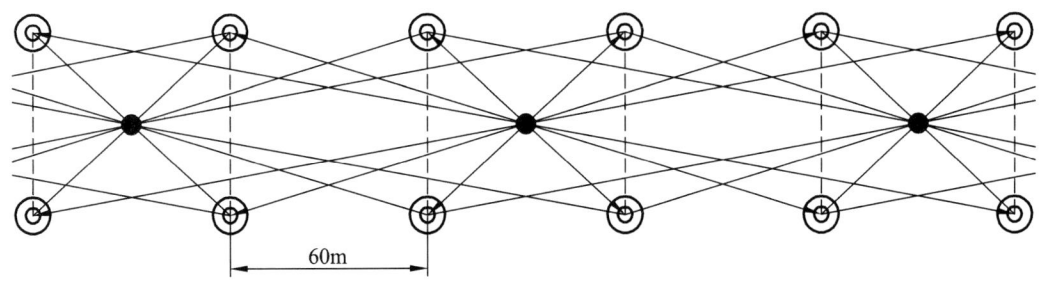

图 1.9　CPⅢ控制网测量方法示意图

●—测站（自由站点）；○—CPⅢ控制点；
→—CPⅠ（CPⅡ）向 CPⅢ点进行的测量（方向、角度和距离）

（2）CPⅢ控制距离为 60 m 左右，最大不应大于 80 m，观测 CPⅢ点允许最远的目标距离为 120 m 左右，最大不应超过 180 m。每次测量开始前在全站仪初始行中输入起始点信息并填写自由测站记录表。应记录以下内容：温度、气压及CPⅠ、CPⅡ控制点的棱镜高，对于线路有长短链时，应注意区分重复里程及标记的编号。将温度、气压修正输入到每个测站上。每一站测量3组完整的测回。

（3）CPⅢ平面网水平方向应采用全圆方向观测法进行观测，如采用分组观测，应采用同一零方向，并重复观测一个方向。方向观测各项限差按表1.24执行。

表1.24 CPⅢ平面网水平方向观测技术要求

控制网名称	仪器等级	测回数	半测回归零差/(″)	不同测回同一方向2C互差/(″)	同一方向归零后方向值较差/(″)
CPⅢ平面网	0.5″级	2	6	9	6
	1″级	3	6	9	9

（4）距离的观测应与水平角观测同步进行，并由全站仪自动进行测量，CPⅢ平面网距离观测技术要求按表1.25执行。

表1.25 CPⅢ平面网距离观测技术要求

控制网名称	测回	半测回距离较差	测回间距离较差
CPⅢ平面网	≥2	±1 mm	±1 mm

注：距离测量一测回是指全站仪盘左、盘右各测量一次的过程。

（5）CPⅢ平面网可以根据施工需要分段测量，分段测量的长度不宜小于4 km，区段间重复观测不应少于6对CPⅢ点。区段接头不应位于车站范围内。

6. CPⅢ平面控制网与CPⅠ、CPⅡ控制点联测

可以采用在自由测站上观测CPⅠ、CPⅡ控制点的方法，或采用CPⅠ、CPⅡ控制点上置镜观测CPⅢ点的方法联测。

（1）与上一级CPⅠ、CPⅡ控制点联测，一般情况下应通过两个或以上线路上的自由测站，如图1.10所示。

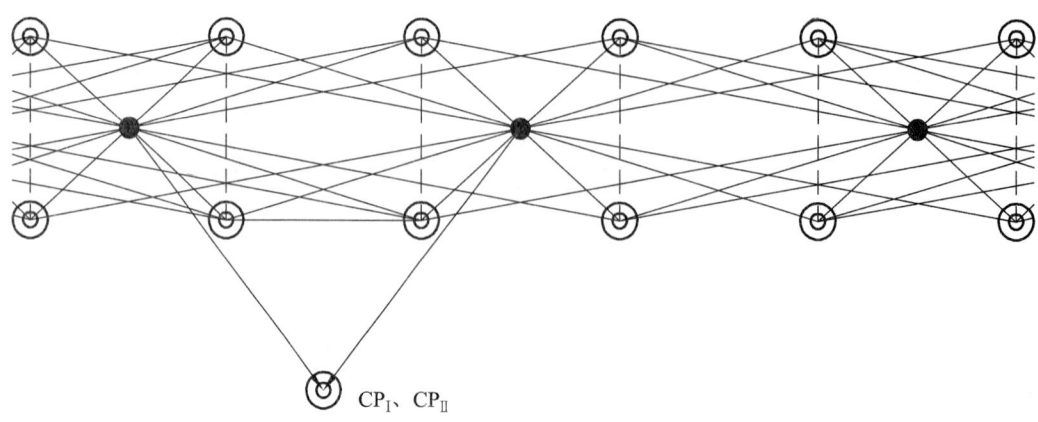

图1.10 自由测站上联测CPⅠ（CPⅡ）控制点示意图

（2）采用在 CPⅠ、CPⅡ控制点置镜观测 CPⅢ点时，应在 CPⅠ、CPⅡ控制点置镜观测三个以上 CPⅢ控制点，观测网构型如图 1.11 所示。

（3）为了使相邻重合区域能够满足 CPⅢ网络的测量高稳定度和高精确度，每个重合区域至少要有 3~4 对 CPⅢ点（约为 180 m 长度的重合）一起测量，并考虑平差，每个区域长度不宜小于 4 km。桥隧段须与已有的独立施工控制网联测通过选取适当的 CPⅡ点和 CPⅢ特殊网点，保证形成均匀的过渡段。

（4）CPⅢ控制应与线下工程竣工中线进行联测。

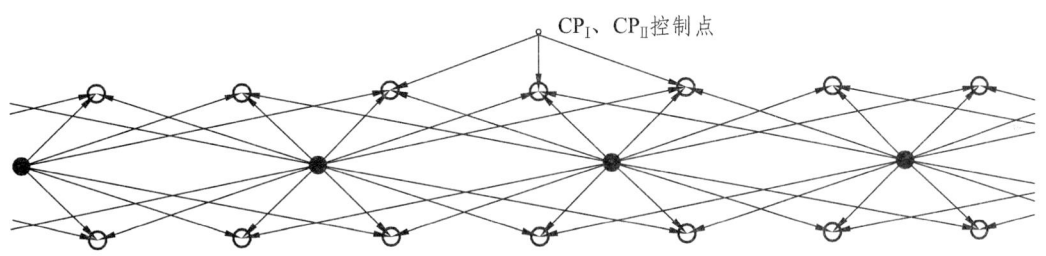

图 1.11　CPⅠ、CPⅡ控制点置镜观测 CPⅢ点示意图

○—CPⅢ控制点；●—自由测站点；←—观测方向

7. 内业数据处理

（1）在自由设站 CPⅢ测量中，测量时必须使用与全站仪自动记录及计算的专用数据处理软件，选用的软件必须通过铁路总公司相关部门鉴定。

（2）观测数据存储之前，必须对观测数据的质量进行检核。检核应包括以下内容：

① 观测者、记录者、复核者签名，观测日期、天气、气温、气压等气象要素记录。

② 检核方法可以采用手工或程序检核。观测数据经检核不满足要求时，及时重测，经检核无误并满足规范要求时，存储数据计算并平差处理。

（3）数据计算、平差处理必须选用通过铁路总公司相关部门鉴定的软件，在计算报告中应说明软件名称。自由设站点、CPⅢ点进行整体平差。平差计算时，要对各项精度做出评定。

① CPⅢ平面自由网平差后应符合表 1.26 之规定。

② CPⅢ平面网约束平差后应符合表 1.27 之规定。

表 1.26　CPⅢ平面自由网平差后方向和距离修正数限差

控制网名称	方向修正数	距离修正数
CPⅢ平面网	±3.0″	±2 mm

表 1.27　CPⅢ平面网约束平差后的主要精度指标要求

控制网名称	与 CPⅠ、CPⅡ联测		与 CPⅢ联测		点位中误差
	方向修正数	距离修正数	方向修正数	距离修正数	
CPⅢ平面网	≤±4.0″	≤±4.0 mm	≤±3.0″	≤±2.0 mm	2 mm

8. CPⅢ平面网区段之间的衔接

衔接时，前后区段独立平差重叠点坐标差值应≤±3.0 mm。满足条件后，后一区段 CPⅢ平面网平差，应采用本区段联测的 CPⅠ、CPⅡ控制点及重叠段前一区段连续的 1～3 对 CPⅢ点作为约束点进行平差计算。

9. 坐标换带处 CPⅢ平面网的计算

应分别采用相邻两个投影带的 CPⅠ、CPⅡ坐标进行约束平差，并分别提供相邻投影带两套坐标成果。提供两套坐标的 CPⅢ区段不应小于 800 m。

1.4.4 CPⅢ高程控制测量

1. CPⅢ高程控制测量可采用水准测量或三角高程测量的方法

（1）CPⅢ控制网水准测量宜采用图 1.12 所示的矩形单程水准网形式。测量时，左边的第一个闭合环的四个高差应该由两个测站完成，其他闭合环的三个高差可由一个测站按照"后—前—前—后"或"前—后—后—前"的顺序进行单程观测。单程观测所形成的闭合环如图 1.13 所示。

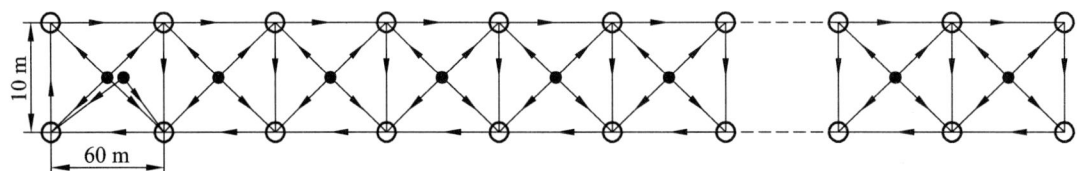

图 1.12　矩形环单程 CPⅢ水准网测量观测示意图

○—CPⅢ控制点；●—自由测站点；←—观测方向

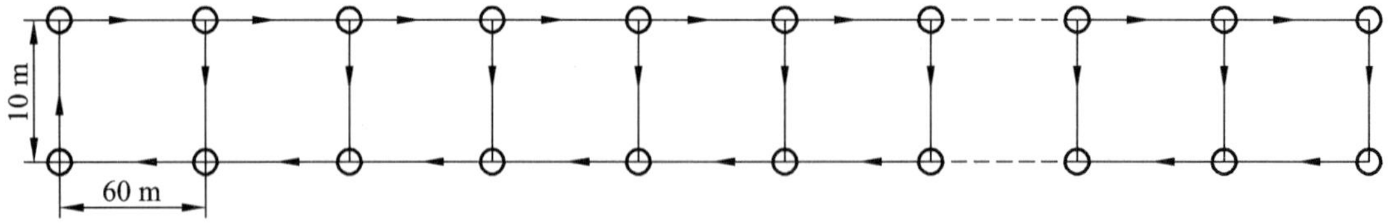

图 1.13　矩形环单程 CPⅢ水准网测量观测形成的闭合环示意图

○—CPⅢ控制点

（2）CPⅢ控制网水准测量也可采用图 1.14 和图 1.15 所示的往返水准路线形式。往测时，应以轨道一侧的 CPⅢ控制点为主线贯通水准测量，另一侧的 CPⅢ控制点作为中视就近进行观测。返测时以另一侧的 CPⅢ控制点为主线贯通水准测量，对侧的控制点作为中视就近进行观测。观测所形成的闭合环如图 1.16 所示。

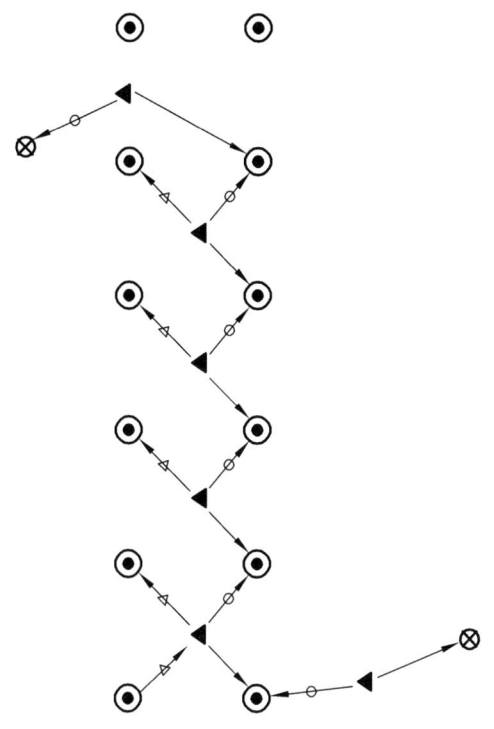 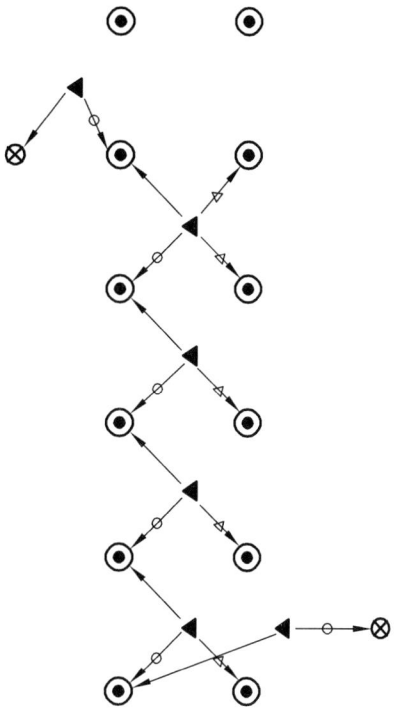

图 1.14　往测水准路线示意图　　　　图 1.15　返测水准路线示意图

◉—CP Ⅲ控制点；⊗—二等水准基点；　　◉—CP Ⅲ控制点；⊗—二等水准基点；

▲—仪器安置点；———▶—后视；　　　▲—仪器安置点；———▶—后视；

—○—▶—前视；—△—▶—中视　　　　—○—▶—前视；—△—▶—中视

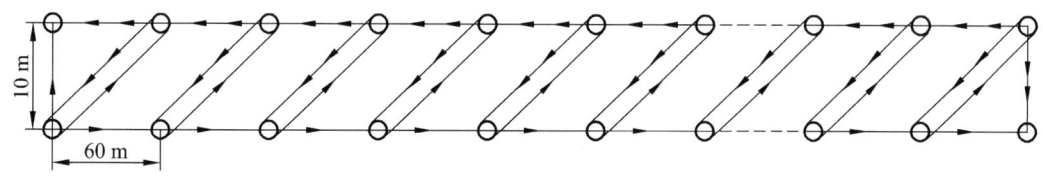

图 1.16　往返测 CP Ⅲ水准路线观测所形成的闭合环示意图

○—CP Ⅲ控制点；———▶—往测高差；———▶—返测高差

2. 水准高程控制测量（以往返水准路线为例）

（1）CP Ⅲ控制点高程测量采用的水准等级为精密水准。

（2）测量方法如下：

① CP Ⅲ控制点高程测量工作应在 CP Ⅲ平面测量完成后进行，并附合于线路水准基点，水准路线的长度应≤3 km。CP Ⅲ水准网与线路水准基点联测时，应按精密水准测量的精度要求往返施测。

② 每一测段至少应与 3 个及以上二等水准点进行联测，形成检核。

③往测时,应以轨道一侧的CPⅢ水准点为主线贯通水准测量,另一侧的CPⅢ水准点在进行贯通水准测量设站时就近观测,具体参见往测水准路线示意图(图1.14)。

④返测时,则以另一侧的CPⅢ水准点为主线贯通水准测量,对侧的水准点在设站时就近观测,具体参见返测水准路线示意图(图1.15)。

3. CPⅢ高程控制点精度要求

CPⅢ控制点水准测量应按精密水准要求施测。精密水准测量的主要技术要去见表1.28。

(1)精密水准测量器材要求:应采用DS1或DS05级水准仪并配套铟瓦水准尺。仪器检定期限最长不得超过一年,每天在使用仪器之前,对仪器应进行检查和校准。

表1.28 精密水准测量主要限差要去

等级	水准尺类型	水准仪等级	视距(m)	前后视距差/m	测段前后视距累计差/m	视线高度/m
精密水准	铟瓦	DS1	≤60	≤2.0	≤4.0	下丝读数 ≥0.3
	铟瓦	DS05	≤65	≤2.0	≤4.0	

(2)测站观测限差。

每测站的主要观测限差要求应按表1.29执行,否则应进行重测,直到符合规范规定。

表1.29 测站观测限差要求

测量等级	上下丝读数均值与中丝读数之差/mm	基辅分划读数之差/mm	基辅分划所测高差之差/mm	检测间歇点高差之差/mm
精密水准	1.5	0.5	0.7	1.0

除上表所要求外,尚应满足:视距长≤60 m;前后视距差≤1.0 m;前后视距累积差≤3.0 m。上述测站观测限差超限时,应予重测。

每测段测站数应为偶数,且由往测转往返测时,两支标尺应互换位置,并应重新架设仪器。

4. CPⅢ控制点水准测量数据处理

CPⅢ控制点水准测量应严密平差,平差时计算取位应按精密水准测量要求取位,具体见表1.30。

表1.30 精密水准测量计算取位

等级	往(返)测距离总和/km	往(返)测距离中数/km	各测站高差/mm	往(返)测高差总和/mm	往(返)测高差中数/mm	高程/mm
精密水准	0.01	0.1	0.01	0.01	0.1	0.1

5. CPⅢ控制点高程测量

可以利用CPⅢ平面网测量的边角观测值,采用CPⅢ控制网自由测站三角高程测量的方法与 CPⅢ平面控制测量合并进行。

（1）CPⅢ控制网自由测站三角高程测量应采用不同测站所测得的相邻点的高差，按规定分为单个测站 CPⅢ控制网自由测站三角高程网和多个测站 CPⅢ控制网自由测站三角高程网两种方式，分别如图 1.17 和图 1.18。

（2）用于构建 CPⅢ控制网自由测站三角高程的观测值除满足 CPⅢ平面网的外业观测要求外，尚应符合表 1.31 之规定。

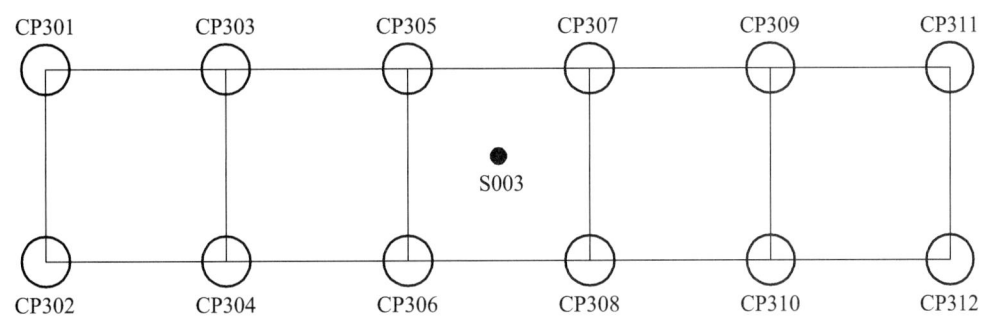

图 1.17　单个测站 CPⅢ控制网自由测站三角高程网示意图

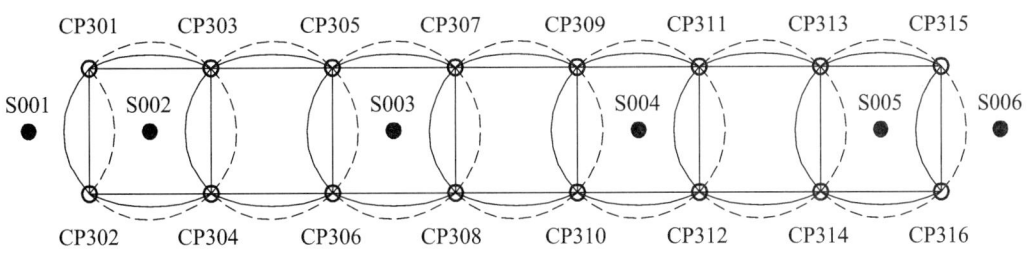

图 1.18　多个测站 CPⅢ控制网自由测站三角高程网示意图

○—CPⅢ控制点；●—自由测站点

表 1.31　CPⅢ控制网自由测站三角高程测量外业观测主要技术要求

全站仪标称精度	测回数	测回间距离较差	测回间竖盘指标差互差	测回间数值角互差
≤1″，1mm+1ppm	≥3	≤1 mm	≤9″	≤6″

（3）CPⅢ控制网自由测站三角高程测量应附合于线路水准基点，每 2 km 左右与线路水准基点进行高程联测。CPⅢ高程网与线路水准基点联测时，应按精密水准测量要求进行往返观测。

（4）CPⅢ自由测站三角高程测量构网平差事，由不同测站测量的同名高差应采用距离加权平均值。

（5）CPⅢ自由测站三角高程网应进行闭合路线闭合差和附合路线闭合差统计，并计算每公里高差偶然中误差和每公里高差全中误差，各项指标应符合精密水准测量的规定要求。

（6）CPⅢ自由测站三角高程测量数据处理软件应通过铁路总公司主管部门评审。

（7）CPⅢ自由测站三角高程应采用线路水准基点进行固定数据严密平差，平差后的各项精度指标，应符合表 1.32 中各项限值。

表 1.32　CPⅢ自由测站三角高程网平差后的精度指标

高差修正数	高差观测值中误差	高差中误差	平差后相邻点高差中误差
≤1 mm	≤0.5 mm	≤2 mm	≤0.5 mm

（8）CPⅢ自由测站三角高程网可分区段构网平差，区段长度不宜小于 4 km，区段之间重叠点不应少于 6 对，重叠点的高差较差不应大于 3 mm。满足上述要求后，后一区段的平差，应按本区段联测的线路水准基点及重叠段前一区段 1 对 CPⅢ 点作为约束点进行平差计算。

6. 高程控制测量完成后，应提交的成果资料

① 技术设计书；

② 外业观测手簿；

③ 仪器检定证书；

④ 外业高差各项修正数计算书；

⑤ 测量平差计算表；

⑥ 高程成果表；

⑦ 水准点点之记；

⑧ 水准路线联测示意图；

⑨ 技术总结报告。

复习思考题

1. 高速铁路工程测量中的"三网合一"指的是哪三网？

2. 高速铁路平面控制测量主要分为哪几级？高程控制测量又分为哪几级？

3. CPⅢ控制点的点位布设有哪些规定？进行 CPⅢ控制点测量的全站仪有哪些要求？

4. CPⅢ控制点的高程测量精度有哪几个等级？每一测段如何与水准点联测形成成果校核？

5. CPⅢ控制点高程测量有哪几种测量方法？

第 2 章　CRTS I 型轨道板精调

2.1　概　述

CRTS：即板式无砟轨道，主要分类 CRTS I 型板式无砟轨道，CRTS II 型板式无砟轨道，CRTS III 型板式无砟轨道，CRTS I 型双块式无砟轨道，CRTS II 型双块式无砟轨道。

无砟轨道具有高稳定性、高平顺性、结构耐久性好、维修量显著减少等一系列突出的优点。所以国内外都在大力研究和发展无砟轨道，具有代表性的有德国的雷达 2000、旭普林、博格纵连板式和日本单元板式无砟轨道。板式无砟轨道具有以下优点：

① 轨道板在工厂批量生产，进度不受现场施工条件制约，施工进度快。
② 轨道结构高度低，自重轻。
③ 具有可修复性，可通过板下水泥氧化沥青砂浆（以下简称 CA 砂浆）层进行高程调整。

为此，板式无砟轨道被广泛应用于桥梁、路基、隧道和路桥过渡段。德国和日本作为开展无砟轨道研究最早的国家，他们在无砟轨道方面的技术和经验也值得我们借鉴。目前国外板式无砟轨道最典型的、应用的最广的主要有两种，日本单元板式无砟轨道和德国博格纵连板式无砟轨道。

德国博格纵连板式无砟轨道的设计理念是轨道结构从上至下刚度逐层递减。其结构类似于新干线板式无砟轨道，差异之一是抵抗纵横向作用力方式不同，前者采用板间螺杆联结或板下凹槽联结方式，后者采用凸形挡台联结方式。博格纵连板式无砟轨道吸收了板式轨道制作施工方便和长枕埋入式无砟轨道整体性好的优点，从结构尺寸、纵向连接、预应力张拉等方面进行了优化改进，轨道板实行工厂预制，提高了轨道板的精度，在轨道板和水硬性支承层之间填充高性能水泥沥青砂浆。并依靠特制的水泥沥青砂浆的抗压、抗剪等强度特性传递纵横向水平力和竖向力。轨道结构整体性和纵向连续性较好，纵横向阻力大，无需设置凸形挡台等限位装置。但是轨道板采用先张法，使板宽加大，维修时需切割进行，且造价较高。

1965 年日本就开始了对板式无砟轨道的研究，其设计理念与德国博格纵连板式不同，是在混凝土基础与预制轨道板之间填充 CA 砂浆的类似于夹心的无砟轨道结构。日本单元板式无砟轨道具有高平顺性、高稳定性、高耐久性、高精度等一系列的优点，并且其轨道结构高度低、道床宽度小、重量轻，便于制造，造价低，更加适合我国的国情。与德国博格纵连板式无砟轨道相比，单元板式无砟轨道在基础上设置了凸形挡台，用来限制轨道板的纵横向位移。通过多年的发展，日本进行了一系列的理论研究和实践，目前普通A型平板、框架型和减震G型已形成标准并推广应用。普通A型板式无砟轨道、框架型板式无砟轨道见图2.1、2.2。

图2.1 普通A型板式无砟轨道

图2.2 框架型板式无砟轨道

在引进、消化吸收国外无砟轨道结构的基础上，我国进行了无砟轨道技术再创新工作，初步建立了无砟轨道设计、计算理论，并确定了无砟轨道结构。目前，在我国应用的无砟轨道类型有：双块式、CRTS Ⅰ型板式、CRTS Ⅱ型板式和 CRTS Ⅲ型板式四种无砟轨道结构形式，四者设计理念不同，结构上也有差异。对三种形式的板式无砟轨道进行技术比较如表2.1所示。

表2.1 国内板式无轨道技术比较

评价内容	类型		
	CRTS Ⅰ型板式	CRTS Ⅱ型板式	CRTS Ⅲ型板式
结构组成	钢轨、扣件、充填式垫板、轨道板、砂浆充填层调整层、凸形挡台、混凝土底座等	钢轨、扣件、轨道板、砂浆调整层、混凝土底座、滑动层、端刺等	钢轨、扣件、轨道板、自密实混凝土、混凝土底座等
结构适应性	轨道板为工厂预制，受天气、温度因素影响小。但在寒冷地区砂浆充填层的质量受环境影响较大	轨道板为工厂预制，受天气、温度因素影响小。但在寒冷地区砂浆调整层的质量受环境影响较大	轨道板为工厂预制，受天气、温度因素影响小
桥上无缝线路设计	根据无缝线路计算结果长大跨度桥梁铺设钢轨伸缩调节器或小阻力扣件	相比其他无砟轨道结构，桥梁地段轨道板及底座板均为纵连结构，不铺设钢轨伸缩调节器的极限桥梁温度跨度	根据无缝线路计算结果长大跨度桥梁铺设钢轨伸缩调节器或小阻力扣件

续表

评价内容	类型		
	CRTSⅠ型板式	CRTSⅡ型板式	CRTSⅢ型板式
可修复性	板式轨道的结构是分离式的,轨道的水平、高低可通过扣件及砂浆充填层调整。所以其可修复性较好	轨道板相互连接,结构连续,可修复性一般	板式轨道的结构是分离式的,轨道的水平、高低可通过扣件及自密实混凝土调整,所以其可修复性较好
施工难易程度	轨道板为工厂预制,其质量容易控制,现场混凝土施工量少,施工的机械化程度高,将人为控制因素减至最少,施工进度较快	轨道板为连续结构,桥上轨道系统受力复杂,施工精度要求高,难度大	轨道板为工厂预制,其质量容易控制,现场混凝土施工量少,施工的机械化程度高,将人为控制因素减至最少,施工进度较快
运营经验	多条长大干线运营经验,运营经验丰富	多条长大干线运营经验,运营经验丰富	首先在成灌线运营
国产化水平及成熟度	有相应的通用参考图和成熟技术条件	京津城际、京沪、沪杭等得到应用	在武汉城市圈、盘营、沈丹等得到应用

CRTSⅠ型板式无砟轨道是在借鉴日本单元板式无砟轨道的基础上形成的具有我国自主知识产权的体系。轨道结构采用单元分段式结构,轨道板单元设置,路基上每2~4块轨道板下设置纵向连续的钢筋混凝土底座,相邻底座间设置伸缩缝,桥梁区段每块轨道板设置一个钢筋混凝土底座。

CRTSⅠ型板式无砟轨道轨道板主要包含P4962、P3685、P4856、P4856A、P4962A五种型式尺寸。路基、隧道地段主要采用P4962,梁上采用P4856A+3块P4856+P4856A;无砟-有砟过渡段采用P4962A;异型板需进行特殊设计。CRTSⅠ型板轨道板标准尺寸为板长宽厚:4 962 mm、2 400 mm、190 mm。

作为我国三大板式无砟轨道之一,CRTSⅠ型板式无砟轨道在我国哈大、广深港、广珠等铁路客运专线上得到大量应用。CRTSⅠ型板式无砟轨道上部结构由混凝土轨道板、混凝土底座和二者之间的CA砂浆充填层构成,然后铺设在现场浇注的钢筋混凝土底座上,由凸形挡台限位,并适应于ZPW-2000轨道电路的单元轨道板无砟轨道结构。

CRTSⅠ型板式轨道系统主要有钢轨、扣件系统、轨道板、CA砂浆垫层、混凝土底座、凸形挡台等部分组成。在路、桥、遂等不同线下基础上,CRTSⅠ型板式无砟轨道的结构组成基本相同,其主要构成见图2.3。

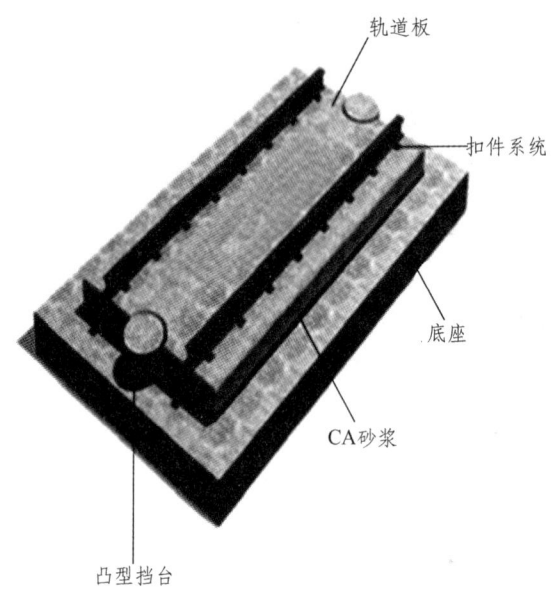

图 2.3 CRTS I 型板式轨道结构组成

CRTS I 型轨道板为部分预应力或非预应力混凝土板结构，分为平板型、框架型和减震型等几种形式。轨道板采用工厂化生产，并提前预制存储。在线下基础沉降稳定，通过无砟轨道铺设条件评估达到轨道施工要求后，进行底座混凝土及凸型挡台的灌注，利用运板车及龙门吊将轨道板运输并铺设至线路上，再对轨道板进行精确调整后灌注CA砂浆，铺设无缝线路。

2.2 底座、凸型挡台放样和施工测量

2.2.1 底座放样控制

无砟轨道底座板是无砟铁路建设中的支承基础和组成构件，它既要为轨道板提供基础而且根据线路走向提供正确的坡度与超高条件。底座板两侧的不同厚度是保证曲线地段外轨超高的一个重要部分。底座板的准确铺设是保证后续工作顺利进行的基本，只有对底座板进行精确测量，才能保证轨道板的正常铺设。底座板顶面过高过低都会造成工期的延误和不必要的资源浪费。

底座板过高，则会导致轨道板无法下调，无法灌注 CA 砂浆，此时就需要凿掉底座板或对其进行铣削。如果在进行密封和轨道板胶注时发现，由于底座板过高造成无法进行整底面胶注，则需要掀起轨道板，对板进行清理，然后重新进行精调。

当底座板过低时，则需在调板杆件下方增加垫层，以保证螺杆长度足以完成调板工作。底座板过低也可能造成侧面密封融解造成该轨道板重新调整。

由此可见底座板钢模放样的重要性及底座顶面检查的重要性。

根据《客运专线无砟轨道铁路工程施工质量验收暂行标准》，混凝土钢模放样精度如表 2.2 所示。

表 2.2 混凝土底座模板安装精度要求

名称	高程	中线位置	伸缩缝位置	宽度
精度/mm	−5 ~ 0 mm	±2 mm	±5 mm	±5 mm

由于超高对中线上高程的影响，在底座立模放样中应注意曲线段底座中心线相对于线路中心线的偏移及超高。

其中模板支立、调整、复测是需要测量工作的协助而完成的。利用全站仪测量模板实时平面坐标及标高，计算其在横向、纵向及高程方向上的偏差，从而指导工作人员作业。底座板两侧直立面立模时由于底座板有直线、曲线之分，因此两侧直立面的高度不同，而且下部基础面标高与设计存在误差，二者叠加起来要求模板的高度从 192.8 到 422.7 mm（超高 0 ~ 175 mm）均能实现。可采用不同模数高度的模板组合的形式实现要求的高度。

模板设计坐标是由实时里程计算而得，根据实时坐标与设计坐标差异调整模板。而由于钢模在高程上要求的放样精度为−5 mm，所以一般将内侧模板顶面设计标高减小 3 mm（三倍中误差）进行放样，以保证测量结果为负值且在误差范围内。

底座放样测量系统底座放样模块是高速铁路日本板和博格板施工中的底座混凝土钢模放样和定位的专用测量模块，为底座钢模板放样施工提供了快捷解决方案，它可根据测量坐标实时计算出相应里程及待调余量。

1. 模板放样作业流程

（1）数据准备。

导入线路数据，线路数据中应包括水平曲线、竖曲线、超高及坡度。CP Ⅲ 已知点数据导入。

（2）建站。

利用 6 ~ 8 个 CP Ⅲ 点采用后方交会方式建站，建站时应尽量将测站架设在线路中线附近，后方交会定位精度应控制在 0.5 mm 以下，如建站精度低于此精度则增加 CP Ⅲ 测量点或重新测量。

（3）底座混凝土钢模放样。

进入底座混凝土钢模放样模块，设置相关参数：在选项列表中设置钢模板相关参数设置；宽度，是否应用超高，放样精度，棱镜至模板特征点横向及竖向偏差。

在底准确性计算的准确性及测设的精确性，从而保证整个板式无砟轨道系统中 CA 砂浆的厚度要求。所以在设置相关参数时高程方向精度值为单向精度指标，即放样高程应与理论高程差（−5，0）范围内。软件会自动在理论高程上减去测量精度，以保证测量结果满足测量要求。

将测量状态设置为跟踪模式，对准棱镜。软件会自动根据坐标计算测量里程及待调节量，并实时显示。可根据所显示量值进行模板调整，直到满足限差要求。

（4）定测。

将测量模式设置为标准模式，对目标棱镜进行测量，再次检查测量结果。如测量结果在误差范围内，保存测量结果。如超限，切换回跟踪模式继续进行模板调整。可通过反复定测来进行测量与模板调整。

（5）人员与设备配比。

底座板钢模放样所需人员及设备配比如下。

所需人员：测量员 1 名，负责测量方案选择、建站、测量、测量成果判断，现场人员调配；钢模调整工作人员 3~4 名，负责已知点棱镜安装、钢模调整。

所需设备：全站仪 1 台，自动跟踪型全站仪；工控机 1 台，内置放样软件；Sinning 棱镜 12 个；棱镜钢模安装组件 4 套；分屏显示器 2 套。

2. 底座板顶面测量检核

底座板浇筑完成、表面清理、混凝土板养护完成后，应对底座顶面选取部分点进行相应的检核。以检查浇筑后的底座板是否满足铺板要求。是否存在底座板顶面高度与设计高度相差超过限差要求的情况。

底座板顶面检核的操作步骤与底座板钢模放样步骤类似，需要导入相应的数据文件，利用 CPⅢ点建站。

（1）数据准备。

引用对应的数据文件，包括线路文件、轨道板文件及扣件文件等数据库信息，以满足底座面高程计算。

（2）建站。

采用自由设站方式建站，利用 3~4 对 CPⅢ点采用后方交会方式建站，建站时应尽量将测站架设在线路中线附近，后方交会定位精度应控制在 0.5 mm 以下，如建站精度低于此精度则增加 CPⅢ测量点或重新测量。

（3）底座板顶面检核。

进入底座板顶面检核模块，设置相关参数，如限差、棱镜高度、是否自动保存等信息。完成后，瞄准目标棱镜，点击测量。查看测量结果，点击中存储。瞄准下一点，点击测量对该点进行测量。如发现超限点，应再次测量核对后，在底座板上标注该点。

（4）复核。

每 3~4 个断面的底座板顶面点检核完成后，如存在超限点，应重新架站对超限点进行复核。结果复核后，发现超限后。测量员需将数据上报，对底座板进行相应的重筑或铣削等操作。施工完成的底座板应满足验标相关要求，即中线位置允许偏差为 3 mm，顶面高程允许偏差为+3 mm、-10 mm，宽度允许偏差为±10 mm，平整度允许偏差为 10 mm/3 m（纵向，轨道中心线两侧各约 0.8 m 处检查）。

（5）人员与设备配比。

底座板钢模放样所需人员及设备配比如下。

所需人员：测量员 1 名，负责测量方案选择、建站、测量、测量成果判断，现场人员调配；司镜员 2 名，负责棱镜的架设，对超限点的标注，识别。

所需设备：全站仪 1 台，自动跟踪型全站仪；工控机 1 台，内置放样软件；Sinning 棱镜 1 个；底座板顶面检核组件 1 套。

2.2.2 凸型挡台施工与放样控制

1. GRP 点精度控制

随着高速铁路建设的增加，高速铁路施工设计与施工技术都得以飞速发展。在结合国内建设需要，借鉴国外相关经验的基础上，我国的高速铁路进行了许多创新与改良，使得高速铁路的建设在提高施工精度的同时也提高了施工效率。

测量标架与 GRP 点的应用就是在结合 CRTS Ⅰ 型板与 CRTS Ⅱ 型板各自优势的基础上，提出的改良施工方案。这一测量方法不但保证了施工测量中的精度，还加快了施工进度，同时也保留了现场测量成果，为后面处理数据检查、分析与报表生成提供了有效的依据。凸型挡台施工方案包括先浇法和后浇法，见图 2.4、2.5。

GRP 点的放样方法类似 CRTS Ⅱ 型板中的 GRP 点。GRP 可作为已知架站点，对模板粗放、轨排粗放、轨道板精调、轨道精调进行测量与数据采集，也可作为后视点或检核点，进行定向与架站的检核。如使用 GRP 点架站进行轨道板的精调，则对其点位精度的要求将达到 0.5 mm。所以 GRP 点测量的过程中不仅采用了基准器放样的方法高精度放样 GRP 点的精度，同时也借鉴 CRTS Ⅱ 型板 GRP 点的测设方法，放样结束后对该点进行复核，并记录原始观测数据，采用后处理平差的方法，精确计算 GRP 点坐标。

GRP 点设于凸型挡台中心处，可每隔两块轨道板设一处，通过 CP Ⅲ 网测定其三维坐标，其坐标数据将直接用于轨道板精调，所以在 GRP 放样与测量过程中应注意以下几个方面的内容：

① 圆曲线、缓和曲线段轨道都设计有超高，因 GRP 点的埋设位置至中轴线的垂线始终是垂直于钢轨顶面连线，其理论坐标也随外轨的抬高而向设计线路中心线外侧移动，而设计线路中心的投影点在垂直线上，因此在不同高程面上 GRP 点的埋设位置有一个向外的水平偏移。所以 GRP 点的埋设位置在曲线段应考虑其超高及由超高引起的偏距。

② GRP 点点位坐标应以根据其观测值而计算的平差坐标为标准。放样完成后应对其进行定测，记录观测值，内业处理时应对坐标进行平差，并生成相应文件格式，以备后期测量中的应用。

③GRP点所使用销钉应严格保护，尽量避免其磨损，以免造成由于销钉磨损造成轨道板或轨道精调时测量的误差。

④相邻测站间就应保证至少两个GRP点的复测。以保证测量连续性并检核前一测站测量成果。

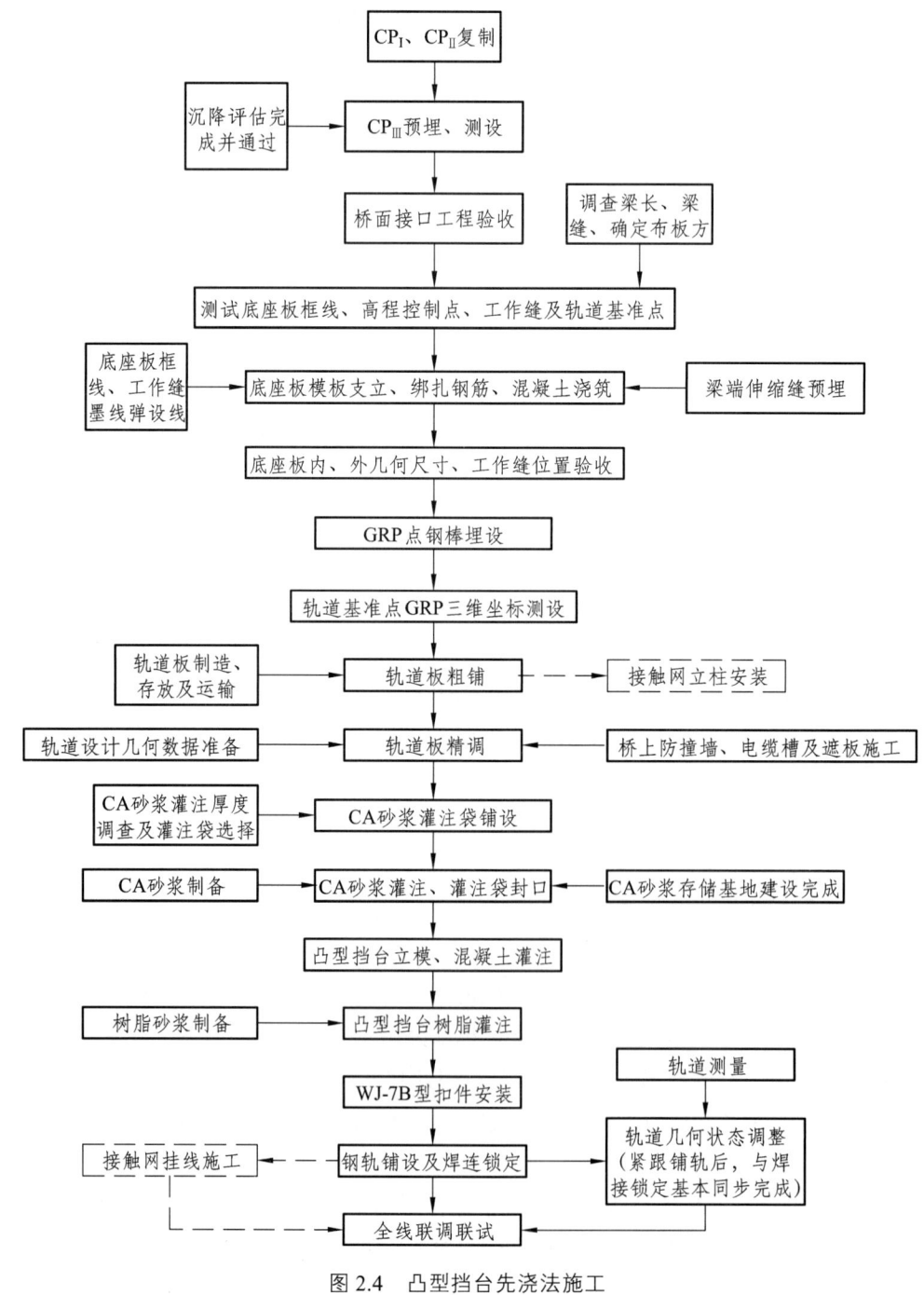

图 2.4　凸型挡台先浇法施工

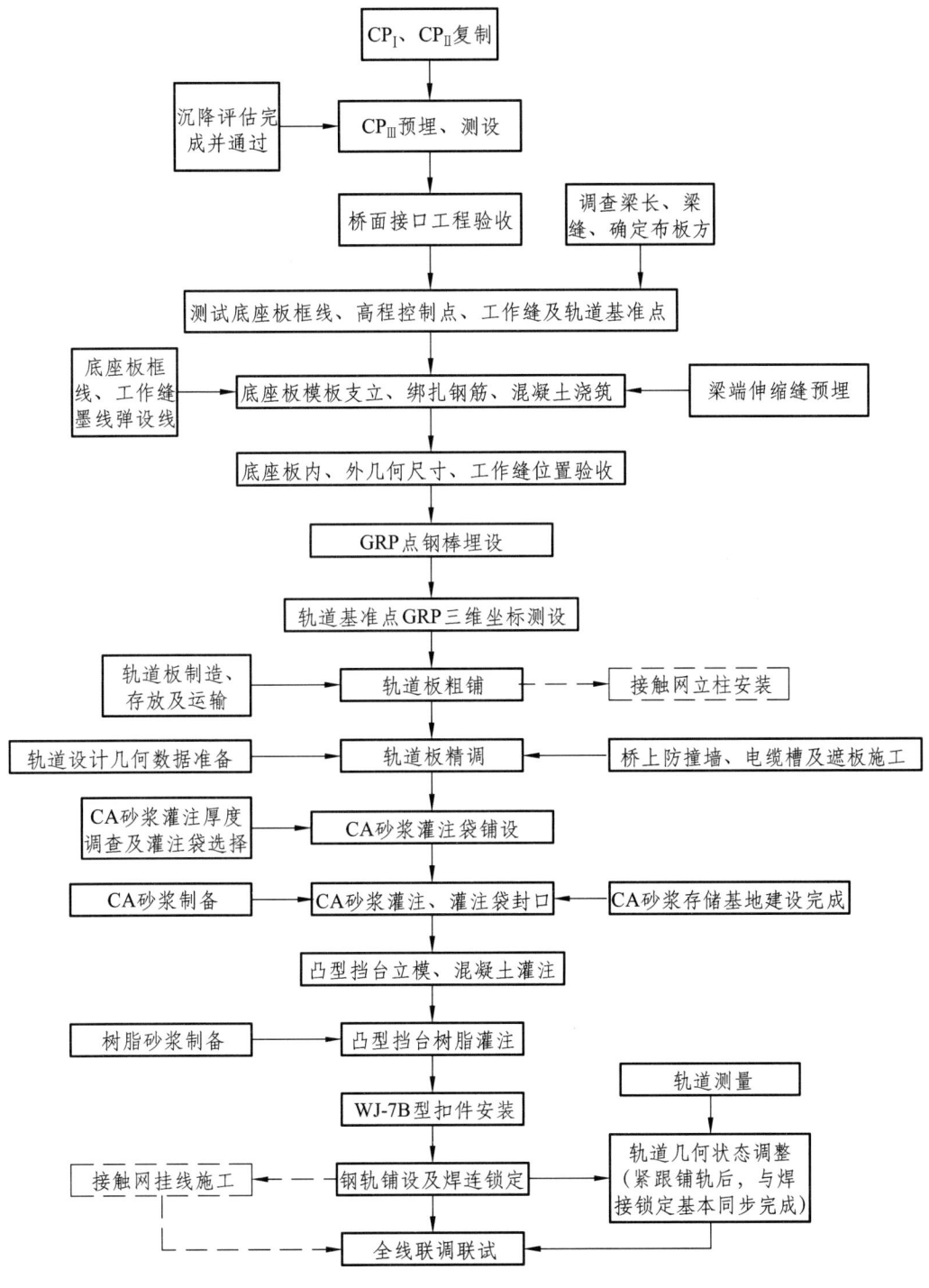

图 2.5 凸型挡台后浇法施工

⑤ GRP 点的放样分平面和高程两部分,在本套测量系统中分别用全站仪和精密电子水准仪对其进行了测设。GRP 点测量组织可按每组 1.5~2 km/d 考虑。

2. 平面测量

（1）数据准备。

导入线路数据，线路数据中应包括水平曲线，竖曲线，超高及坡度。CPⅢ已知点数据导入。

（2）建站。

利用 6~8 个 CPⅢ点采用后方交会方式建站，建站时应尽量将测站架设在线路中线附近，后方交会定位精度应控制在 0.5 mm 以下，如建站精度低于此精度则增加 CPⅢ测量点或重新测量。

（3）放样。

进入 GRP 点放样菜单，在选项列表中设置相关参数设置：棱镜三脚架高度，是否应用超高，放样精度等。返回测量界面，瞄准 GRP 点上架设的棱镜，将 GRP 切换至放样模式，点击跟踪。放样人员根据屏幕提示调整 GRP 点棱镜，等点位调整到跟踪模式测量精度后，请测量模式切换至标准模式。点击测量，根据屏幕提示调整 GRP 点棱镜再次点击测量，如此反复。直至点位坐标与设计坐标偏差达到限差要求。

（4）GRP 点测量与保存。

瞄准棱镜，点击定测。查看定测结果。查看是否超限，如超限，请返回测量界面重测。如满足测量规范，选择是否保存定测结果。

（5）高程测量。

利用电子水准仪对已放样 GRP 点进行高程测量。测量方式按二等水准进行，进行数据处理和与全站仪测量结果比对。比对完成后，生成新的点坐标文件，对于共同点高程方向采用水准仪测量成果。对于相差超过 0.5 mm 的点，应对相应测段进行复测。复测后，成果通过才可应用于轨道测量中，并两次测量成果合并。

（6）人员与设备配比。

GRP 放样所需人员及设备配比如下：

所需人员：测量员 1 名，负责测量方案选择、建站、测量、测量成果判断，现场人员调配；司镜员 1 名，负责棱镜的架设，支架调整。

所需设备：全站仪 1 台，自动跟踪型全站仪；工控机 1 台，内置放样软件；Sinning 棱镜 1 个；放样支架 1 个。

3. 凸型挡台放样

凸型挡台作为 CTRS I 型板重要的组成部分，在 I 型板结构中轨道板在两端相邻处各留有半圆缺口，以设置凸型挡台。在施工过程中轨道板会受到各种力作用或由于伸缩变形，将可能产生纵向或横向位移，凸型挡台可限制轨道板的位移，使轨道板保持整体性、平顺性和稳定性。

凸型挡台有圆形和半圆形，其半径可通过计算确定，一般为 260 mm，高度 250 mm。在下部结构有断开缝，如在梁缝处，凸型挡台可以做成半圆形。凸型挡台设置在底座顶面上，由底座上预埋钢筋将其联结起来。

凸型挡台钢模放样过程中需要保证以下几个方面的内容：

① 圆曲线、缓和曲线段轨道都设计有超高，因凸型挡台的中轴线始终是垂直于钢轨顶面连线，其中轴线也随外轨的抬高而向设计线路中心线外侧移动，而设计线路中心的投影点在垂直线上，因此在不同高程面上凸型挡台的中轴线与设计线路中心线有一个向外的水平偏移。所以凸型挡台柱体中心顶点放样位置在曲线段应考虑其超高及由超高引起的偏距。

② 凸型挡台顶面应与轨顶面平行，即保证凸型挡台顶面所在平面与凸型挡台柱体中心点所在里程处线路横向、纵向两方向所定平面平行。满足规范要求（表 2.3），保证两相邻凸型挡台间间距精度。

表2.3 凸型挡台放样限差要求

	相邻挡台中心误差	模板顶面高程允许偏差
限差	±3 mm	0 ~ 4 mm

针对凸型挡台钢模放样配有专用凸型挡台模板放样标架。这一标架的设计基于法线法的原理确定凸型挡台顶面所在平面。即通过测量垂直于凸型挡台顶面的直线上的两个棱镜确定凸型挡台顶面法线向量，并利用两点到平面距离确定凸型挡台顶面，及两点在平面上的投影点（凸型挡台顶面中心点）。这样就可确定模板水平偏移量。同时计算线路纵向方向和横向方向的投影即可计算出模板在纵向方向和横向方向上的平面调整量。凸型挡台模型见图 2.6。

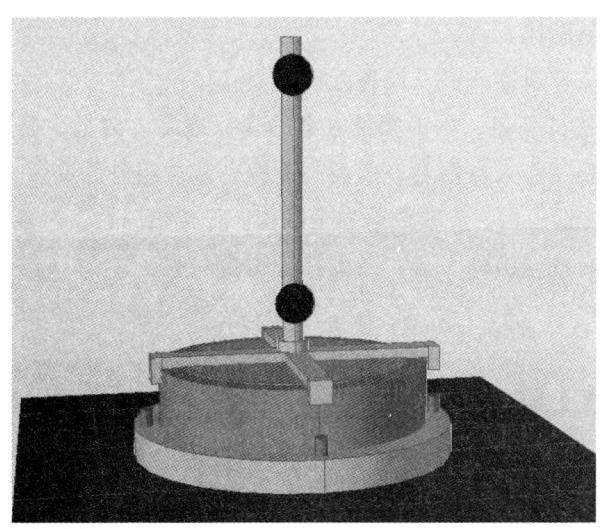

图 2.6 凸型挡台模型

操作步骤：

（1）数据准备。

导入线路数据，线路数据中应包括水平曲线、竖曲线、超高及坡度。CPⅢ已知点数据导入。

（2）建站。

利用 6~8 个 CPⅢ点采用后方交会方式建站，建站时应尽量将测站架设在线路中线附近，后方交会定位精度应控制在 0.5 mm 以下，如建站精度低于此精度则增加 CPⅢ测量点或重新测量。

（3）凸型挡台钢模放样。

进入凸型挡台钢模放样模块，在选项列表中设置钢模板相关参数设置：凸型挡台间距，是否应用超高，放样精度，模具棱镜间距。在底座施工测量中，重点是保证凸型挡台中心位置及顶面平面状态测设的准确性，从而确保凸型挡台起到其限位作用。

（4）粗放。

界面左上方，放样选择框中选择"凸型挡台模板粗放"，软件会指示棱镜至凸型挡台中心在底座顶面的平面位置，来进行粗放凸型挡台钢模。

（5）测量。

将测量状态设置为标准模式，瞄准棱镜组中的下方棱镜，点击测量，测量完成后，仪器会自动测量棱镜组中的上方棱镜，并计算出钢模水平调整量及钢模在横、纵方向上平面状态调整量。可依据所显示量值进行模板调整，点击平面/高程切换查看状态。反复测量，直到满足限差要求。

（6）定测及数据存储。

瞄准棱镜组中的下方棱镜，点击定测。查看定测结果。查看是否超限，如超限，请返回第四步。如满足测量规范，选择是否保存定测结果。

（7）人员与设备配比。

凸型挡台钢模放样所需人员及设备配比如下：

所需人员：测量员一名，负责测量方案选择、建站、测量、测量成果判断，现场人员调配；钢模调整工作人员两名，负责凸型挡台放样组件的安装、钢模调整。

所需设备：全站仪一台，自动跟踪型全站仪；工控机一台，内置放样软件；Sinning 棱镜两个；凸型挡台放样组件一套；凸型挡台钢模一套。

2.3　CRTS I 轨道板安置与精调

CRTS I 型板采用了精度分级的设计理念来保证轨道铺设成果的精度。CRTS I 型无砟铁路的铺设采用无级调整扣件，在以较高精度铺设好的轨道板上通过扣件的调整来达到最终钢轨几何状态的满足。所以在制定 CRTS I 型轨道板铺设方法和铺设精度时应结合相应的技术要求，最大程度地提高工程施工的边际效益。轨道板安置见图 2.7。

利用凸台安置轨道板，将板安置在两个凸台之间，并将轨道板放置在用于轨道板调整的垫木上。为了能使今后的精调工作得以顺利进行，在轨道板安置时应尽量相对准确地摆放轨道板和安置调整件。因为调整件螺栓的移动距离一般很有限，为了避免应调整量超出调整件调整范围，放置前应将其调到中间位置。

图 2.7 轨道板安置

1. 轨道板精调

（1）测站建立。

利用 GRP 点后视定向建站将全站仪用特制三脚架架设在 GRP 点上，全站仪架设在轨道板精调前进方向上，在架设时需保证三脚架架设牢靠，仪器无晃动。架设后视棱镜，将棱镜架设在待铺轨道板沿轨道板精调前进方向下一个 GRP 点上，棱镜必须精确对准全站仪。在架设仪器时应尽量避免三脚架的顶尖与基准器摩擦，避免三脚架磨损造成精度降低。架设好仪器后，选择站点点名或输入坐标，选择后视点，将仪器转向后视点，搜索锁定棱镜，测量后视棱镜。软件会给出设计值与测量值差异，测量人员可根据情况选择完成测站可重新测量。

后方交会建站既可用于自由架站，也可用于已知点架站。当全站仪通过特制三脚架架设在 GRP 点上时，可通过测量两个 CPⅢ点粗略计算出已知点坐标和全站仪方位。然后就可通过勾选已知点，进行自动多测回测量，然后利用测量观测值后方交会计算测量结果。测量完成后，可点击已知点列表，选择架站 GRP 点，读取其坐标，软件将显示其与后方交会比对结果，然后通过选择应用坐标下拉框，选择使用已知点坐标或后方交会结果。

（2）标架安置（图 2.8）。

每块轨道板从头到尾共有 32 个支点，在每个支点外可以计算出其对应的三维坐标。两个标架的安放采用以下方式：

① 将第一个标架放置在待轨道板离仪器最近的一组支点处。
② 将第二个标架放置在待轨道板离仪器最远的一组支点处。

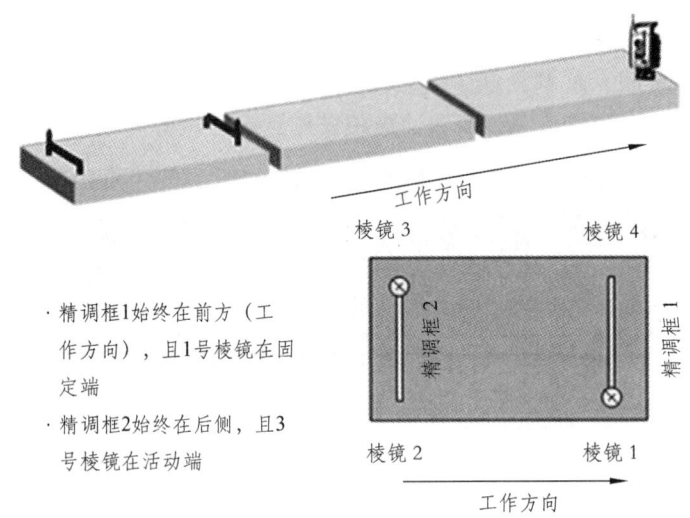

图 2.8 标架安装示意图

③ 标架安放稳固后,打开通讯模块,使用控制软件选择相应的通信设备配对。在标架安放时应保证一端锁定的稳定性,即保证一端与螺栓孔的高符合度。而为了保证另一端安放时的便捷性,考虑到螺栓孔精度,尚可在纵向上存在 1 cm 的移动,这对于计算偏距的影响微忽其微。而在纵向上约 1 cm 的影响,由于竖曲线变化较小,其对高程的影响也可忽略不计。

(3) 轨道板精调。

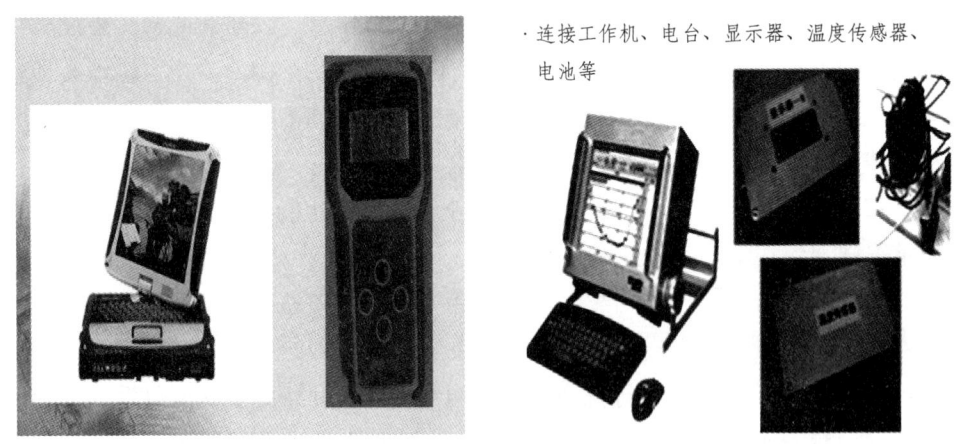

图 2.9 测量精调系统

每一测站可精调两到四块轨道板,不应大于六块轨道板但测距不可少于 5.00 m(当测距时自动锁定精度将不能满足轨道板精调要求,而视线过长,则会导致测量结果不够精确)。

一般情况下,精调作业可分三步进行:

① 对板首端进行平面和高程调节;

② 对板尾端(即至已精调好轨道板的过度端)进行平面和高程调节;

③ 对两个标架上的四个棱镜进行定测,以确定最终调板结果,并保存测量成果。

轨道板的精调主要是保证轨道板承轨台位置的高度及方位，通过调整轨道板的高度及平面状态，可以将各螺栓孔位置精确安置。从而保证的轨道扣件安放精度。减少扣件安放后轨道的调整量。也通过与扣件的逐级控制提高了轨道的可调性，和施工过程中各个步骤的可行性。

（4）轨道板复测。

轨道板精调完成后，如长时间未进行 CA 砂浆的浇灌，则在浇灌之前应对轨道板进行复测。将标准标架放置在之前标架安置的位置上，依序测量。检查是否满足限差要求，当超限时，需重新进行精调。CA 砂浆浇灌完成后，应挑选数块轨道板对其进行检核，避免因变形等因素引起的轨道板变化。

（5）人员与设备配比。

在进行轨道板精调的时，所需人员及设备配比如下。

所需人员：测量员 1 名，负责测量方案选择、建站、测量、测量成果判断，与现场人员调配；调板工 4~8 名，负责轨道板安置、棱镜摆设、轨道板调整、仪器搬运。

所需设备：全站仪 1 台，全自动跟踪型机器人；工控机 1 台，内置放样软件；CPⅢ棱镜 4~6 个，可根据施工单位设备购置情况选择，推荐 Sinning 公司 25 mmCPⅢ专用棱镜；精调标架 3 幅，各配备 Sinning 公司 25 mm 棱镜 2 个，其中一号，二号标架配备倾斜传感器、数传模块。分屏显示器：四台。调整件：四套。进行轨道板横向及高程方向调整。

（6）注意事项。

① 必须经常检查配有对中延伸头和调节螺杆特制三脚架的稳定状况；

② 必须将特制三脚架的对中延伸头精确地置于轨道基准点标志上；

③ 必须定期校正水准器；

④ 因使用磨损必定期校正对中延伸头高度；

⑤ 将测量标架安置于支点的打磨混凝土表面上时，必须做到小心轻放；

⑥ 必须定期校正测量标架，必要时更换之；

⑦ 必须经常检查棱镜对准和清洁状况；

⑧ 必须特别精确精调板过度处（必须避免板间的跳跃）；

⑨ 检查调置夹钳竖向和横向调节装置的稳固状况（不能有旋角，必须与特铸于板底的反扣铁板牢固扣装在一起，立刻更换损坏部件，等等）；

⑩ 出现异常需进行自检查；

⑪ 应对精调好的轨道板做记号（对后续工作很重要）。

复习思考题

1. 板式无砟轨道在实际施工中的优点有哪些？
2. 近几年来我国 CRTSⅠ型板式无砟轨道的工程应用及技术发展有哪些？
3. 如何更好地控制无砟轨道中底座、凸型挡台的施工放样误差？

第3章　CRTSⅡ型轨道板精调

3.1　概　述

我国高速铁路虽然起步晚，但是起点高、发展快，通过引进国外核心技术、消化吸收再创新，具备了建设能力，迎来了建设新时代。京沪高速铁路所采用的博格板式无砟轨道系统技术，是我国引进的第一条无砟轨道结构形式。经过消化、吸收、再创新，形成的中国特色的板式轨道，称为 CRTSⅡ型板式无砟轨道技术，现已应用于京津城际轨道等多处轨道交通。

CRTSⅡ型板每块板上的承轨槽都是按设计线路参数打磨的，所以Ⅱ型板在线路上的铺设位置是固定的，板的编号也是唯一的，因而Ⅱ型板对铺设要求极高。铺设完成的Ⅱ型轨道板，板之间的相对精度、平顺性很好，钢轨精调的任务基本在板的精调上完成，最后钢轨几乎不需要精调。因此可见，精调是Ⅱ型板铺设的重点、难点，也是保证高速铁路高速高效建设的关键之所在。

1. CRTSⅡ型板式无砟轨道（CRTSⅡs）

CRTSⅡs 是将预制轨道板通过水泥沥青砂浆调整层，铺设在现场摊铺的混凝土支承层或现场浇筑的具有滑动层的钢筋混凝土底座（桥梁）上，适应于 ZPW-2000 轨道电路的连续轨道板无砟轨道结构形式。

CRTSⅡs 系统主要由钢轨、扣件系统、轨道板、水泥沥青砂浆层、混凝土支承层或钢筋混凝土底座、侧向挡块、滑动层（隔离层）（滑动层仅在桥上）等部分组成。在路基、隧道基础上的 CRTSⅡ型板式无砟轨道的结构组成相同，见图 3.1 和图 3.2。路基地段轨道板连续铺设于混凝土支承层上，隧道内轨道板铺设于混凝土支承层上或隧底仰拱回填层上，轨道板间通过纵向预留钢筋和连接器进行纵向连接。

桥上轨道结构与路基地段有所不同，轨道板铺设于钢筋混凝土底座上并进行纵向连接，下部钢筋混凝土底座连续浇筑，并在底座与梁面保护层之间设置滑动层，底座板两侧设置侧向限位挡块，在桥梁两端路基上设置摩擦板、过渡板和端刺，见图 3.3。

CRTSⅡs 轨道板在工厂预制，标准尺寸为 6 450 mm×2 550 mm×200 m，为部分预应力混凝土板结构。制造过程中采用先进的数控磨床对预制轨道板承轨槽进行精加工，现场采用专用测量滑架进行轨道板的定位测量（图 3.4），使其精度容易满足高速铁路对轨道几何尺寸的高要求。轨道板铺设于混凝土支承层或钢筋混凝土底座上，在铺装定位后灌注 30 mm 厚的高性能水泥沥青砂浆作为施工调整层,再进行板的纵向连接(图 3.5)。

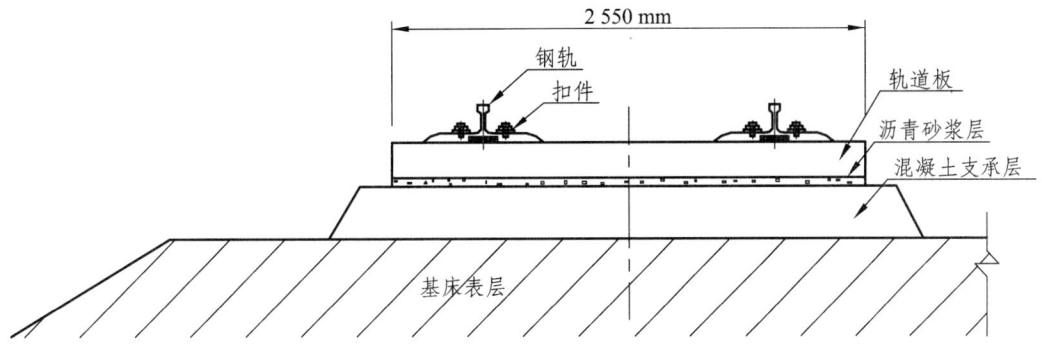

图 3.1　路基 CRTS Ⅱ 型板式无砟轨道横断面

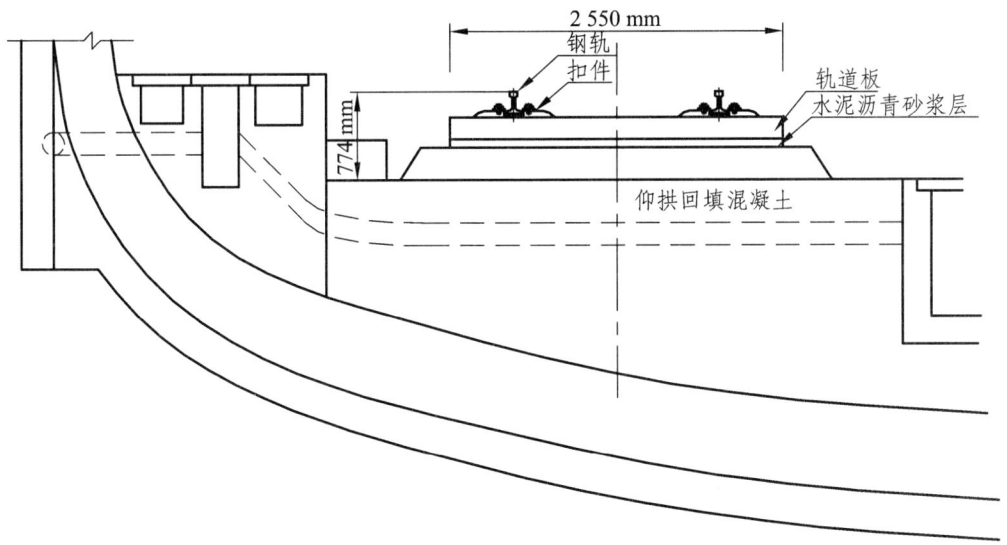

图 3.2　隧道 CRTS Ⅱ 型板式无砟轨道横断面

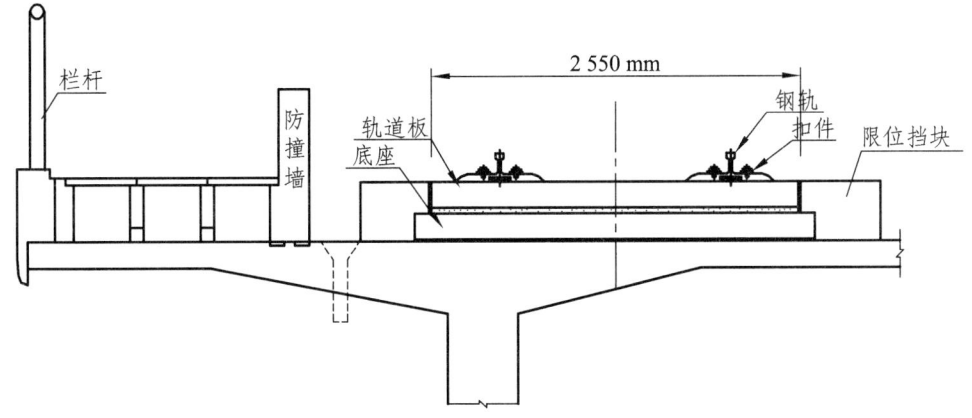

图 3.3　桥上 CRTS Ⅱ 型板式(连续)轨道横断面

图 3.4　CRTSⅡ型轨道板定位　　　　图 3.5　CRTSⅡ型轨道板纵向连接

CRTSⅡ型轨道的特点如下：

① 轨道板在工厂批量生产，进度不受现场施工条件制约；

② 承轨台精度用机械打磨并由计算机控制，可大大减少现场测量工作量可通过板下水泥沥青砂浆层进行高程调整，但维修时需对连续轨道板进行切割，可修复不及CRTSⅠ轨道；

③ 轨道板通用性差；

④ 制造工艺复杂，成本高。

2. CRTSⅡ型板式无砟轨道（CRTSⅡb）

CRTSⅡb 是将预制的双块式轨枕通过机械振动法嵌入现场浇筑的均匀连续的钢筋混凝土道床内形成整体，并适应于 ZPW-2000 轨道电路的无砟轨道结构形式。

CRTSⅡb 系统由钢轨、扣件系统、双块式轨枕、道床板、混凝土支承层或钢筋混凝土底座（桥梁）等部分组成。路基地段与 CRTSⅠb 结构相似，桥梁地段在道床板下设置底座，隧道直线地段道床板置于隧底仰拱填充层上，其横断面分别见图 3.6～图 3.8。

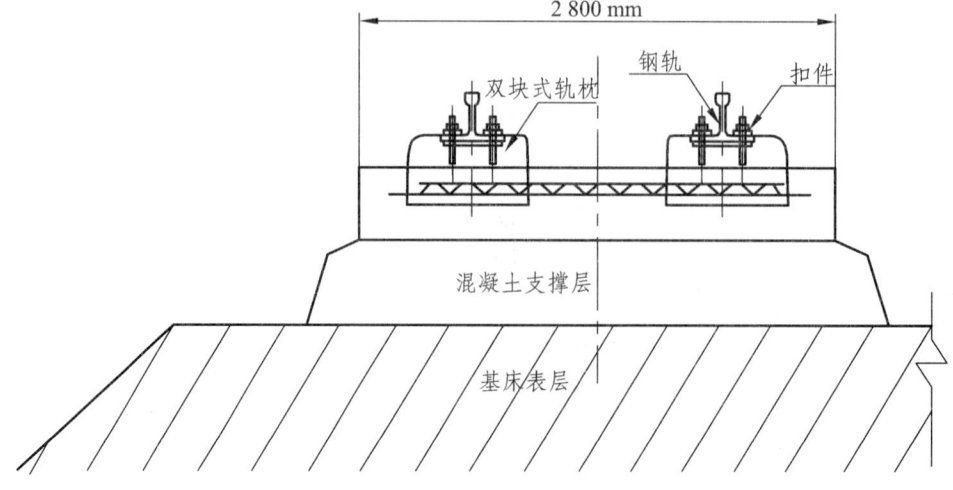

图 3.6　路基 CRTSⅡb 型双块式轨道

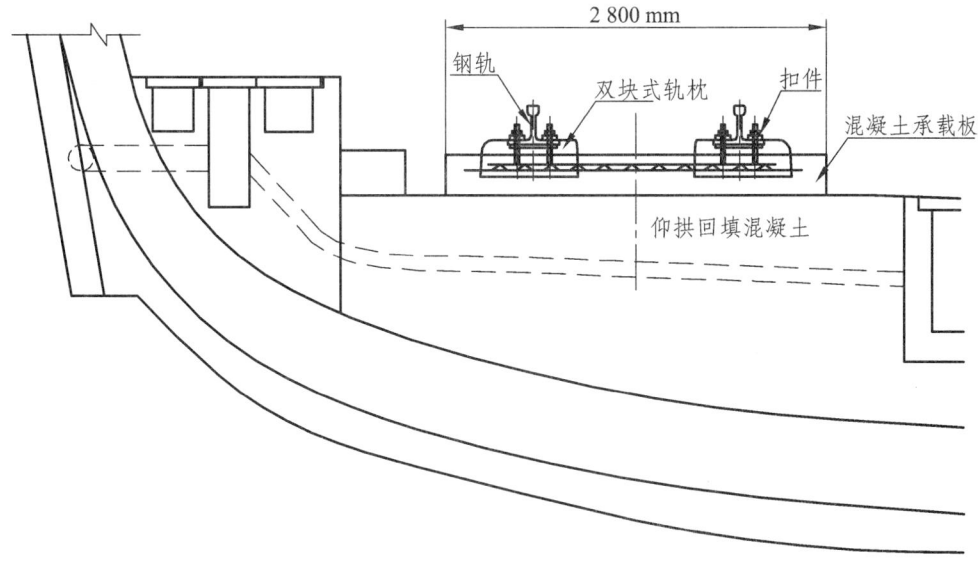

图 3.7 隧道 CRTSⅡb 型双块式轨道

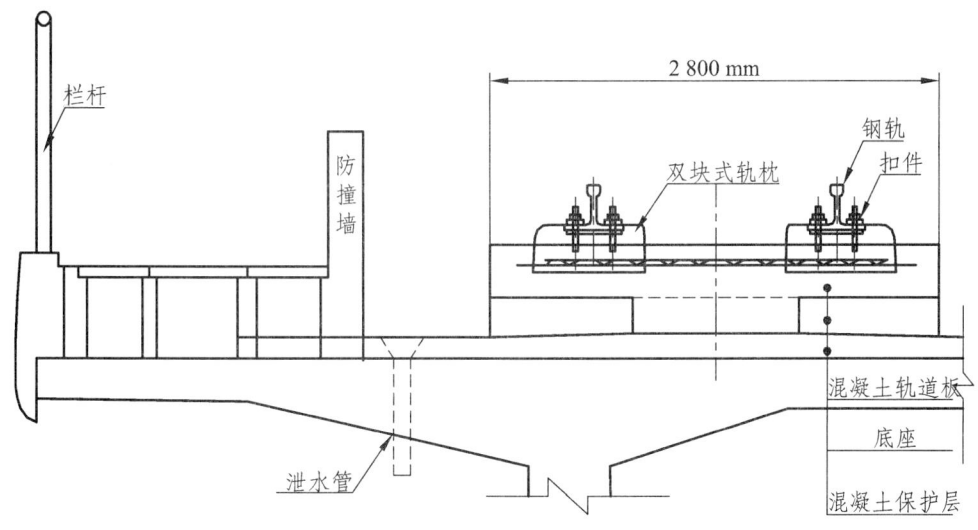

图 3.8 桥梁 CRTSⅡb 型双块式轨道

CRTSⅡb 型双块式轨道的特点：

① 结构整体性强，轨枕采用振动方式压入混凝土中，避免了灌筑过程中的振捣不密实，加强了新老混凝土接合面的连接；

② 施工机械化程度高，施工进度相对较快；

③ 施工必须由专业人员操作，设备规模大，施工灵活性较差；

④ 出现病害时修复较为困难。

3.2 GRP 测量

GRP 点，即轨道基准点，是轨道板精调作业的基本控制点。基准点是架全站仪的，是轨道板的强制对中点，它定位的准确性直接影响轨道板的精调施工。GRP 点的精度和由 GRP 点构成的 GRN 网间的平顺性能否达到施工需要的精度指标，是决定精调能否顺利实施的关键之所在。

3.2.1 工作内容

在 CPⅢ控制网测量评估验收后和轨道板施工前，要进行 GRP 测量，在轨道精调前，要进行 CPⅢ复测。

（1）GRP 测量的主要内容包括：
① GRP 点的计算；
② GRP 点的放样；
③ GRP 点的埋设；
④ GRP 点的编号；
⑤ 轨道基准网（GRN）的测量。

（1）坐标系统和高程基准。
① 平面坐标系统采用与中铁四院提交的京沪高速铁路相对应的工程独立坐标系统，即参考椭球体采用 WGS-84 椭球体参数，中央子午线为 120°00′，投影面大地高为 15 m，高程异常为 5 m。
② 高程系统采用 1985 黄海高程基准。

3.2.2 GRP 测量实施

GRP 的测量工作必须在轨道控制网（CPⅢ）评估通过后方可进行，根据京沪高速铁路《CPⅢ网测量作业指导书》要求，在轨道精调前，必须对 CPⅢ网进行复测。

1. GRP 设计坐标计算

使用 PVP 施工版软件计算定位锥点及基准点（GRP）的设计坐标

2. GRP 放样

混凝土底座板或支承层施工完成后，依据轨道控制点（CPⅢ），采用全站仪自由设站极坐标法测设轨道板定位点和轨道基准点。轨道板定位点和轨道基准点应埋设于混凝土底座板或支承层上，轨道板定位点与轨道基准点连线应垂直于轨道中线，并分别向左和向右偏离轨道中线 0.10 m。轨道板定位点的位置应以轨道中线为基准，垂直于钢轨顶面连线,投影到混凝土底座板或支承层表面上。曲线地段轨道基准点应分设于轨道中线的内侧,轨道板定位点设于轨道中线的外侧。直线地段应将轨道板定位点与轨道基准点分设于线路中线两侧,一般应位于线路中线的同一侧。当直线段前后的轨道基准点不在同一侧时,应在直线段予以变换调整,不得在曲线段上。

轨道板定位点应满足下列要求:
① 轨道板定位点的放样距离不应大于 100 m。
② 轨道板定位点平面定位允许偏差不应大于 5 mm。
③ 轨道基准点平面定位允许偏差不应大于 5 mm。

备注:GRP 的放样理论上可不考虑自由设站 H 方向高程的精度,但为了下一步检核 CPⅢ控制点的不符值,应保留此精度指标。

自由设站测量完成和精度满足要求后,CPⅢ控制点的坐标不符值应满足表 3.1 的要求。

表 3.1 CPⅢ控制点不符值限差

X	≤2 mm
Y	≤2 mm
H	≤2 mm

若 CPⅢ控制点坐标不符值不满足表 3.1 的要求,在保证 CPⅢ控制点数量不少于 2 对的情况下,应将超限点剔除掉再进行自由设站。

在自由设站精度和 CPⅢ精度满足要求的前提下,利用全站仪和 GRP 的设计坐标对本站的 GRP 进行坐标放样。放样距离应根据天气情况确定,高温、雨雾或晴天应适当控制测量距离。

GRP 平面控制点布设于突型挡台中心,按每 6.5 m(CRTSⅡ型轨道板长度)布设一个,左右线分别布设,埋设位置偏离放样点位置不应大于 5 mm。

本测段采用南方测绘定制的 GRP 测钉,该测钉和 GRP 精密测量基座、电子水准仪专用强磁尺垫以及以后精调全站仪脚架配套。

GRP 测钉、GRP 精密测量基座和电子水准仪专用强磁尺垫(见下图 3.9)。

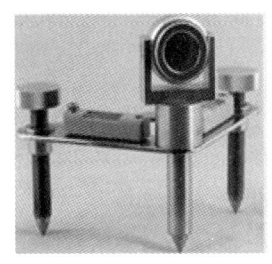 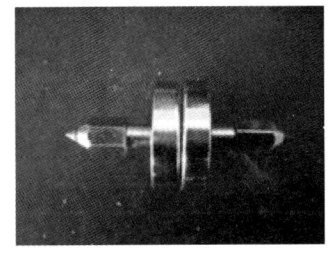 

GRP 精密测量基座和棱镜　　电子水准仪专用强磁尺垫　　　　GRP 测钉

图 3.9 GRP 精密测量基座和电子水准仪专用强磁尺垫、GRP 测钉

3. GRP 埋设

CRTSⅡ型无砟轨道的轨道基准点和轨道板定位点的位置示意图（图 3.10）。每个轨道板缝处设置一个轨道基准点和轨道板定位点。轨道基准点和轨道板定位点分别距线路中线左右两侧，距离 10 cm。轨道基准点在曲线地段应该位于线路中线的内侧。

图 3.10　轨道基准点和轨道板定位点的位置示意图

3.2.3　GRP 平面测量

GRP 三维坐标的测量，应采用平面坐标和高程分开施测的方法进行。相邻 GRP 之间的平面和高程相对精度应满足表 3.2 要求。

表 3.2　相邻 GRP 间相对精度要求

平面	0.2
高程	0.1

GRP 平面测量则采用带有强制对中功能的精密基座与相应的精密棱镜。

1. 平面测量设备

测量作业过程中使用的全站仪，应具有自动照准，自动搜索，自动记录功能，其标称精度应满足：方向测量中误差不大于±1′，测距中误差不大于±（1 mm+2×10^{-6}），温度计精确至 0.5 ℃，气压计读数精确至 0.5hPa。仪器设备均在鉴定有效期内。

在进行 GRP 平面位置测量时，为保证相邻 GRP 间测量的相对精度。原则上一个测站只用一个精密基座进行，以避免不同基座间的系统误差影响，并在测量前需对所使用的精密基座的气泡进行校正。

2. 平面测量方法

轨道基准点（GRP）的平面测量左右线路分别进行测量，在底座板张拉连接并锁定后，粗铺轨道板之前进行，采用全站仪自由设站极坐标法进行观测，直接测量各点的坐标，外业采用自动记录方式。全站仪设站点应尽量靠近GRP的连线方向。

（1）GRP平面测量外业观测应满足下列条件：
① 全站仪设站点应尽量靠近 GRP 的连线方向。
② 左右线 GRP 的测量，应分别设站观测。
③ 同一测站观测的 CPⅢ控制点不应少于 4 对，观测的 GRP 点不少于 11 个（可视天气情况做相应调整），其中包括与上一个测站搭接的 3~5 个 GRP。

（2）自由设站要求。

自由设站测量采用局部独立坐标系。自由设站观测的 CPⅢ点应位于所联测 CPⅢ点的中间。CPⅢ点采用与 CPⅢ网测量时一致的 CPⅢ标志。全站仪设在线路中线附近，更换测站后，相邻测站重叠观测的 CPⅢ点 3~5 个。自由设站点精度一般应符合下表 3.3 要求，完成自由设站后，CPⅢ点的坐标不符值应满足表 3.4 的要求。当 CPⅢ点坐标不符值 X、Y 大于表 3.4 的规定时，该 CPⅢ点不应参与平差计算。

表 3.3 自由设站点精度要求

X	Y	H	定向精度
≤0.7 mm	≤0.7 mm	≤1 mm	≤2″

表 3.4 CPⅢ点坐标不符值限差要求

X	Y	H
≤2.0 mm	≤2.0 mm	≤2.0 mm

3. 外业观测

同一测站 CPⅢ点和轨道基准点均采用全站仪盘左进行观测，进行多个半测回观测。每个半测回过程如下：① 顺次观测所有 CPⅢ点；② 顺次观测所有轨道基准点；③ 按照同样的流程进行下一个半测站测量；④ 各个半测回结束时，再顺次观测所有 CPⅢ点。轨道基准点观测不少于 3 次。CPⅢ点观测不少于 4 次。此为一个测站的观测程序，一个测站结束后搬至下一站后按同样的程序进行测量。每站观测距离约 70 m，至少观测 11 个轨道基准点，重复观测上一测站的 CPⅢ点不少于 2 对，重复观测上一测站观测的轨道基准点 3~5 个。本站观测的所有轨道基准点（包含重复观测上一站的轨道基准点）都必须位于测站的同一侧。每站轨道基准点测量时，采用同一组棱镜三脚座和精密棱镜。在观测轨道基准点时，应由远及近完成全部轨道基准点测量。每次安置棱镜三脚座时,要精确整平棱镜三脚座,在棱镜三脚座移动过程中,棱镜应始终面对全站仪。对于 CPⅢ棱镜组件和棱镜三脚座上棱镜不一致的,需要检查仪器中输入的棱镜常数是否正确。

4. 精度指标

数据处理应采用布板软件进行处理,并进行复核。测量精度应满足下列要求:
① 相邻点平面相对精度不大于 0.2 mm。
② 轨道基准点各半测回测量的坐标值与其平均值间的较差≤0.4 mm。
③ 重迭轨道基准点的平面位置允许偏差:横向≤0.3 mm,纵向≤0.4 mm。

5. GRP 平面网数据处理

GRP 点的平面数据处理软件采用德国博格公司的 PVP 软件。平差计算以前,通过数据处理软件对外业观测的限差重新进行检核。平差方法如下:

通过德国博格公司的 PVP 施工版软件计算出理论 GRP 点数据,然后通过软件的测量菜单导入联测 CPⅢ点数据和 GRP 理论数据,再直接导入徕卡 1201+测量机器人所测得的外业数据,选择标准限差启动计算进行平差,软件会进行自动平差,并删除不合格的点或者站点,并显示点的状态,状态 3 为非常好可用,状态 2 为合格可用,状态 1 为不可用等待下次搭接后状态变为 2 或者 3 才能使用,然后纳入数据库备用。

6. 平面测量注意事项

① 需定期对全站仪进行检查;
② 全站仪工作之前要适应环境温度;
③ 应尽量避免在恶劣天气环境下作业,一般中午 11 点至下午 3 点之间也要避免测量作业;
④ 在每次测量作业前需对测钉钉帽进行清洁。

3.2.4 GRP 高程测量

GRP 的高程测量要在轨道板初铺之后进行,以避免二期荷载对 GRP 高程造成影响。

1. GRP 高程测量设备设备

电子水准仪精度不低于 0.5 mm/km,配套使用铟瓦水准尺,所使用的电子水准仪和条码水准尺需要有相应的检定证书,并在检定有效期内,作业之前应对仪器进行必要的检验和校准。

2. 测量方法

用几何水准方法,按照附合水准方法和中视水准测量方法相结合进行施测,轨道基准点一般作为中点,除首末 CPⅢ 点外,其余 CPⅢ 点作为附合水准线路的转点。左右线路的轨道基准点的高程可同时施测。采用电子水准仪进行往返观测,起闭于 CPⅢ 点,附合水准线路长度约为 300 m。在轨道基准点上立尺时,水准尺使用水准尺适配器,在 CPⅢ 点立尺时,不使用水准尺适配器,使用与 CPⅢ 网测量时一致的水准测量杆。水准尺适配器常数准确测定,同时保证水准尺适配器与轨道基准点测钉的匹配。在同一站内的所有轨道基准点高程测量时应采用同一把水准尺及其配套水准尺适配器。水准尺适配器常数在外业不输入的,在内业数据处理中进行修正。

3. 测量过程

在两个 CPⅢ 点中部安置水准仪,后视一个 CPⅢ 点(如 CPⅢ1),前视另一个 CPⅢ 点(如 CPⅢ2)或轨道基准点,采用中视法测量该区间所有的轨道基准点(可以包括左右 2 条线路的轨道基准点),然后搬站至 CPⅢ2 和 CPⅢ3 之间,重复上一个测站过程。相邻两站之间重叠 1 个轨道基准点。相邻测段之间应重叠 3~5 个轨道基准点。如图 3.11 所示。

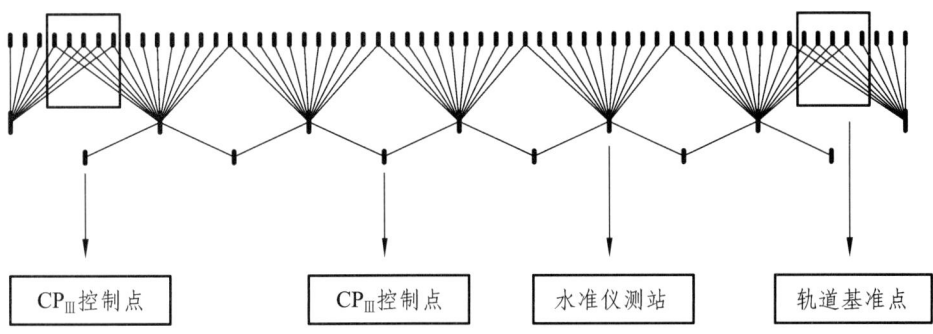

图 3.11 测量过程示意图

4. 精度指标

① 单程水准测量起闭于 CPⅢ 点的闭合差限差应满足下式要求

$$f_h = 0.5 + 2 \times \sqrt{S}$$

式中,S 单程水准测量线路长度,km。

② 轨道基准点往返测高程值与其平均值间的较差不应大于 0.3 mm。
③ 重叠区内轨道基准点高程较差不应大于 0.3 mm。
④ 相邻轨道基准点间的高程相对精度不大于 0.1 mm。

6. GRP 控制点高程数据处理

高程数据处理是根据测量数据计算一站内任意两个相邻的 GRP 之间高差是否超限,再计算各点往测与返测高程平均值,并计算与平均值之差。各项指标满足要求后,计算本站观测的各轨道基准点高程。

通过德国博格公司的 PVP 施工版软件计算平差的结果：往返测高程值最大较差为 874 837，为 0.3 mm，满足较差不应大于 0.3 mm 的精度要求。

重叠区内轨道基准点高程较差最大为：874 883，为 0.3 mm，满足较差不应大于 0.3 mm 的精度要求。

将联测数据导入 PVP 施工版软件，获得已测的基准点（GRP）的三维坐标，形成"已知点*.DUP"文件，用于轨道板精调时仪器的强制对中点。

6. 高程测量注意事项

① 定期对仪器进行检查；
② 在外业测量过程中，注意先清洁测钉；
③ 尽可能保持设站点与两端 CPⅢ 点间的距离相等。

3.2.5　GRP 的维护及资料整理

1. GRP 的维护

应结合现场施工现状，制定有效措施，加强 GRP 点的保护和维护。

2. 存档资料

数据资料应留有存档，以备计算，恢复，检查之用。
① 本区段 CPⅢ 控制点的三维坐标值；
② 平面、高程测量原始观测数据；
③ 平面、高程平差计算原始文件；
④ GRP 测量成果表；
⑤ GRP 测量精度统计表；
⑥ GRP 测量联测示意图；
⑦ 电子文档（所有电子记录、过程数据、成果数据的电子文档）。

3.3　CRTSⅡ型轨道板精调测量

3.3.1　CRTSⅡ型板式无砟轨道主要施工流程及工装设备

CRTSⅡ型板式无砟轨道施工主要设备有混凝土施工设备、滑模摊铺机、钢筋加工设备、轨道板运输车、轨道板铺设门吊、轨道板定位精调装置、移动式水泥沥青砂浆拌和车、水泥沥青砂浆灌注设备、定位圆锥体等。

1. 轨道板铺设流程

轨道板铺设基本工艺流程如图 3.12 所示。

2. 施工程序与要领

（1）铺设轨道板。

① 检查混凝土底座板或支承层的顶面高程，对超标地段进行处理。

② 制定轨道板运输、存放计划，设置临时存板场并提前存放轨道板，如图 3.13 所示。

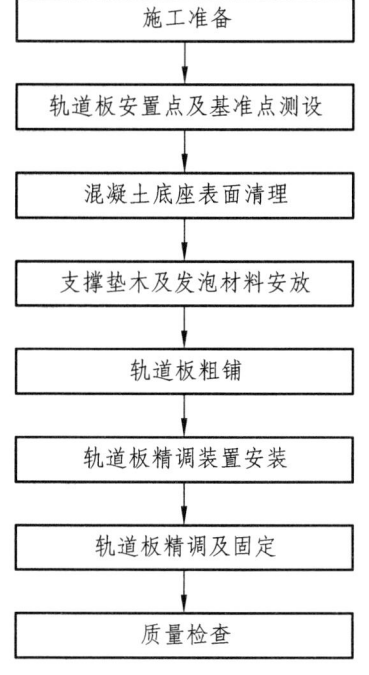

图 3.12　轨道板铺设基本工艺流程　　　　图 3.13　轨道板堆放

③ 检查轨道板规格、尺寸，要求符合设计，外观无破损、无裂纹，纵向连接螺纹钢筋无弯曲，扣件完整，预埋件齐全。

④ 按布板图给定的编号依次铺设。

⑤ 清洗表面、清理疏通灌浆孔，要求无尘土、无油污。

⑥ 在轨道板精调装置位置板底粘接发泡材料制成的模制件，用于灌浆时保护精调装置，如图 3.14 所示。

⑦ 在底座板表面放置 6 块支承方木条：30 mm ×30 mm×350 mm，用于临时支承轨道板。方木条应摆放在板两端及板中部两侧。

⑧ 通过定位圆锥（定位圆圈）定位，如图 3.15 所示，铺设时应紧靠圆锥体（定位圆圈），侧面对齐支承层或底座上的安装边线，置于支承方木条上，铺放后的轨道板板端半圆与定位圆锥（定位圆圈）的相对平面位置偏差应小于 5 mm。

⑨ 轨道板铺设就位后，按设计在轨道板两侧已旋转泡沫块的位置安装精调装置，

将轨道板支承起来后取出支承垫木,并粗调轨道板。安装在轨道板两端的精调装置可以竖向和横向调节,安装在轨道板中部的精调装置可竖向调节。精调装置在安装前应将精调螺母置于最大调程的 1/2 处。

  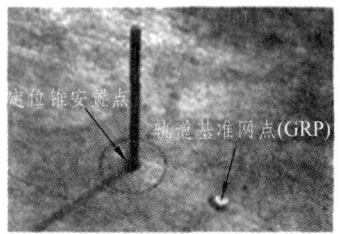

图 3.14　发泡材料　　　　　　　　图 3.15　定位锥安置点

3. 轨道板精调

① 检校测量标架,数据文件确认无误。

② 轨道板快速测量系统全站仪设站和后视棱镜安装应使用强制对中三脚座,全站仪的定向应使用轨道板基准点和已调好的相邻轨道板的两个棱镜,如图 3.16 所示。

图 3.16　轨道板精调

③ 精调过程中应进行记录,记录内容包括:轨道板类型和板号、观测员、各精调时间的温度、精调日期(含时间)、天气说明、调控点的位置差(理论－实际值)、轨道基准点和定向点上的最终误差。

④ 防止轨道板精调后扰动和砂浆灌注时轨道板上浮或侧移,轨道板精调定位后应及时安装扣压装置,对板的两端中部及板的两侧中部同时进行扣压。

⑤ 轨道板精调后及时采取防护措施,严禁踩踏和撞击轨道板,并及时灌注水泥乳化沥青砂浆充填层。如果轨道板放置时间过长,或环境温度变化超过 10 ℃,或受到使轨道板位置发生变化的外部条件影响时,必须进行复测和必要的调整,确认满足要求后,方能进行水泥乳化沥青砂浆充填层灌注施工。

4. 质量标准

轨道板精调控制允许偏差应符合下列规定:

① 轨道板与支承层或底座的间隙不应小于 20 mm，最大不宜超过 40 mm。

② 依据基准点对轨道板进行精调时，轨道板精调定位的允许偏差应符合表 3.5 所示的规定。

表 3.5 轨道板铺设定位允许偏差

序号	检查项目	允许偏差/mm
1	高程	±0.5
2	中线	0.5
3	相邻轨道板接缝处承轨台顶面相对高差	0.3
4	相邻轨道板接缝处承轨台顶面平面位置	0.3

5. 注意事项

混凝土底座板或支承层强度达到设计强度的 70% 后，方可进行轨道板铺设。

3.3.2 测量要求

CRTS Ⅱ 型板式无砟轨道在轨道板施工完成后，直接安装扣件及钢轨，即能保证线路的高低平顺性，所以轨道板的定位精度要求非常高。根据德国经验，测量采用网平差手段进行。控制基桩设置要求如下：

（1）沿线路方向的间距为 50～60 m，横向的桩间距为 10～20 m，控制精度必须满足：平面为±1.0 mm（相邻控制基桩），高程为±0.5 mm（相邻控制基桩）。

（2）控制基桩设置困难时，采用沿线路方向的间距为 150～180 m，距线路轴线的距离为 40～60 m。控制精度必须满足：平面为±3.0 mm（相邻控制基桩），高程为±1.0 mm（相邻控制基桩）。

（3）每个轨道标记点位置的测设要通过至少 2 个（在桥梁上则至少 3 个）方向已知轨道标记点的多余观测并经平差计算后得出，所有轨道标记点的三维坐标均应精确到 0.1 mm。

（4）由控制网中较大误差而引起的不连续效应，可通过相应的网平差手段在轨道参考网计算中加以消除。

（5）通过控制基桩可实施对混凝土支承层、混凝土底座定位测量。平面采用坐标法，混凝土模板位置或中线位置相对于控制基桩位置偏差不大于 5 mm 由于Ⅱ型轨道板水泥沥青砂浆厚度较薄，相应对底座及支承层的高程要求严，按精密水准测量要求测设其高程。

3.3.3 轨道板精调定位测量

加密基桩测量使用的全站仪应满足：测角精度≤1，测距精度为 $1\text{ mm}+1\times10^{-6}$；水准测量使用电子水准仪和带有条码铟瓦水准尺,电子水准仪的高程测量标准偏差应<0.9 mm/km(往返),测距标准偏差小于1/2 000;全站仪的对中精度应不大于0.5 mm。

每个加密基桩位置的测设要通过至少3个(一般6个)方向的控制基桩的多余观测并经平差计算后得出,该值能满足相邻加密基桩的相对水平位置精度的要求。

通过加密基桩对轨道进行精调定位测量:

轨道板精调定位测量时,每个测量作业面需配备四根测量滑架,每个测量滑架上有两个固定棱镜,使用专用三脚架将速测仪安置在轨道板接缝处加密基桩点上(对中精度0.5 mm)。用于轨道板精调定位测量的滑架、速测仪应配合配套软件使用。

将测量滑架安置在所需精调定位轨道板的第一、最后和中间支点以及已精调定位好的轨道板的最后支点上。测量滑架卡尺架在支点(打磨了的混凝土承轨台面)上,并通过固紧调节装置单面与支点面相触,由此而建立起与支点几何间的参考关系。在轨道板接缝处加密基桩点对速测仪进行程控设站,并通过已精调好轨道板上的测量滑架进行定向,再使用其他已知加密基桩点进行定向检查。

通过程控计算(实际空间位置与理论空间位置比较)及显示指令,借助精调装置调整轨道板的空间位置(含水平、高程和超高),直到支点平面度达到0.5 mm和高程精度达到±0.5 mm为止。

1. 轨道精度和调整标准

(1)轨道精度。

轨道精度通常可分为绝对精度和相对精度。绝对精度是指轨道的绝对空间坐标,即实测坐标与设计坐标值的偏差。偏差越小,精度越高。绝对精度的控制包括中线、高程、曲线长度(包括圆曲线、缓和曲线、竖曲线)控制等。相对精度的控制除轨道几何尺寸外,还应包括轨距、水平、高低、轨向、三角坑、变化率等,它是轨道状态表述的基本元素,也是轨道状态控制的关键元素。

(2)CRTSⅡ型板轨道调整标准。

无砟轨道施工阶段精调因轨道结构不同有不同的方法和要求,无缝线路铺设后的轨道精调方法和标准对于各种无砟轨道而言则是完全一致的。轨道精调的总体要求是轨道具备持续开行350 km/h高速动车条件,并具有高安全性、高平顺性和高舒适度。

① 轨道精调绝对精度标准。

a. 在满足轨道平顺度要求的情况下,轨面高程允许偏差为(+4,-6)mm,靠近站台地段为(+4,0)mm;

b. 轨道中线与设计中线允许偏差为10 mm,线间距允许偏差为(+10,0)mm。

② 轨道相对精度调整允许偏差标准(表3.6)。

表 3.6 轨道相对精度调整允许偏差标准表

项目		允许偏差/mm
轨距		±1
水平		1
轨距变化率		1/1 500
扭矩（三角坑）		2/3 000
高低	弦长 10 m	2/10 000
	弦长 30 m	2/15 000
	弦长 300 m	10/150 000
轨向	弦长 10 m	2/10 000
	弦长 30 m	2/5 000
	弦长 300 m	10/150 000

2. 轨道精调的时机和轨道精调前的准备工作

（1）轨道精调的时机。

① 轨道静态调整是在联调联试之前根据轨道静态测量数据对轨道进行全面、系统地调整，将轨道几何尺寸调整到允许范围内，对轨道线型进行优化调整，合理控制轨距、水平、轨向、高低等变化率，使轨道静态精度满足高速行车条件。因此轨道静态精调的时机应在长钢轨铺设、应力放散、锁定形成无缝线路，焊接接头打磨后开始。

② 轨道动态调整是在联调联试期间根据轨道动态检测情况对轨道局部缺陷进行修复，是对部分区段几何尺寸进行微调、对轨道线型进一步优化、对轨道状态进一步提高的过程，使轨道动态、静态精度全面达到高速行车条件。因此轨道动态精调的时机应在联调联试期间，根据轨道动态检测、人工添乘情况对轨道个别晃车处所进行几何尺寸调整，以进一步提高动车的安全性、平稳性和舒适性。

（2）轨道精调前应做的工作。

① 人员培训。参加轨道精调的有关人员应掌握相关技术标准、轨道测量技术、轨道调整方法等。

② 轨道精调仪器、量具的准备。包括：测量仪器（测量小车、棱镜）、道尺、30 m 弦线、塞尺、电动扭矩扳手等。

③ 仪器的校核。

④ CPⅢ测量网的复合。

⑤ 线路设计平纵断面资料核对。重点复核轨面高程、中线、坡度、竖曲线、平面曲线、超高等关键参数。

⑥ 调整扣件的准备。

⑦ 扣件系统安装情况的检查。包括：安装的正确性、扭矩是否达到标准。

3. 轨道精调方法

（1）轨道静态精调方法

① 轨道数据的采集；

② 应对采集数据进行检查，是否存在异常数据；

③ 通过计算，检查最大值调整后，高程、中线是否在误差允许范围；

④ 应建立相对平顺和变化率的概念，力求最大的平顺、最小的调整量；

⑤ 调整时应先调整基本轨的平面位置和高低，确保轨向、高低平顺性满足要求，检查另一根轨的轨距、水平是否满足要求，并做相应调整；

⑥ 对于给出的调整量，现场要用 30 m 弦线、轨距尺核查，不一致时，以手工测量为准；

⑦ 现场应采用 30 m 弦线对方向、高低，用轨距尺对轨距、水平进行核查，之后方可进行轨道状态调整，弦线的搭接长度应不小于 5 m；

⑧ 每次松开的扣件不应大于 5 个，应注意对无缝线路锁定轨温的影响；

⑨ 曲线正矢精调：用 20 m 弦线，每 2.5 m 设置一个测点，先调上股，然后用轨距尺调整下股。缓和曲线实测正矢与理论正矢差应不大于 0.5 mm，差之差不大于 1 mm，圆曲线正矢连续差不大于 1 mm，最大最小差不大于 2 mm；

⑩ 正线道岔施工测量时，与两端线路搭接长度应不少于 35 mm，应高度重视道岔混凝土浇筑前的精调工作，几何尺寸必须满足技术标准，精调到位后，才能安装转换设备。

（2）轨道动态精调方法。

① 轨道动态调整，必须坚持"检重于调"的理念。要根据轨检资料、添乘情况，确定晃车地点。现场必须认真检测，查找问题点、确定调整方案后，方可调整，否则不能动道。

② 轨道区段不平顺精调。

a. 轨道质量指数 TQI 明显偏大（3.6 及以上）区段；

b. 成段连续多点出现Ⅰ级偏差；

c. 轨道检测波形图中存在连续多波不平顺区段；

d. 动车添乘成区段连续晃车。

③ 区段不平顺地段应安排计划尽快调整。

④ 影响行车安全的缺陷必须当天消除。

⑤ 轨道检测Ⅱ级偏差应安排计划，逐步消除。

4. 影响轨道精调的主要因素及提高轨道精度的主要措施

（1）影响因素。

① 无砟轨道施工过程控制不严，导致施工精度不高。

② 轨道静态测量数据不准确、不真实、不全面。

③ 扣件缺陷。扣件清理不彻底、扣件缺损、扣压力不足、安装不正确、不密贴等。
④ 焊缝打磨精度不高。
⑤ 调整方法不当。
⑥ 静态调整标准偏低。
⑦ 动态调整时对检测资料分析不全面、现场查找不准确、调整不到位。
（2）提高轨道精度的主要措施。
① 加强无砟轨道施工过程控制，确保施工精度。
② 高度重视轨道测量工作，确保测量数据真实可靠。
③ 双块式无砟轨道施工期间要加强对扣件系统的保护，避免污染、损坏。
④ 轨道静态精调之前，应对钢轨、扣件安装状态进行全面检查，确认后方可进行测量和调整。
⑤ 提高焊缝打磨精度。无缝线路锁定后，应对所有焊缝进行全面检查，不合格接头必须重新处理。
⑥ 应按照确定的精调工艺进行调整，避免反复调整。
⑦ 轨道静态调整精度应全面满足要求。
⑧ 应安排专业人员对动态检测数据和静态测量数据进行综合对比分析，制定有针对性的调整方案，力争用最小调整量达到最佳调整效果。

5. 总结

轨道精调质量对动车的运行品质具有重要影响，它不仅是技术问题，也是经济问题。不管是静态调整，还是动态调整，都是一个非常精细的工作，需要合理的作业组织、认真的工作作风、严谨的工作态度和细致的操作管理，一点疏忽就会导致大量的物力、人力和时间的浪费。因此，轨道精调工作应引起高度重视，以便动车能够安全、平稳、快速、舒适地运行。

复习思考题

1. 简述 GRP 测量的主要内容。
2. 简述 CRTS Ⅱ 型板式无砟轨道施工工艺流程，并指出各环节质量控制要点。

第 4 章 CRTS Ⅲ型板式无砟轨道精测精调

4.1 CRTS Ⅲ型板式无砟轨道概述

4.1.1 CRTS Ⅲ型板式无砟轨道简介

CRTS Ⅲ型板式无砟轨道是我国铁路工程技术人员借鉴国外成熟经验，通过引进、消化、再创新研发而成的具有完全自主知识产权的新型板式无砟轨道，现已在成灌线、武汉城市圈、成绵乐客专、盘营客专、沈丹客专、京沈客专等客运专线上推广使用。CRTS Ⅲ型板式无砟轨道由钢轨、弹性不分开式扣件、预制有挡肩轨道板、内设钢筋网片的自密实混凝土填充层、中间隔离层和带有限位凹槽的钢筋混凝土底座六部分组成。

CRTS Ⅲ型板式无砟轨道结构示意图如图 4.1 所示，采用单元分块式结构，彻底取消了 CRTS Ⅰ型板的凸台，CRTS Ⅱ型板的端刺限位方式，同时也取消了作为板下填充材料用的 CA 砂浆，改用自密实混凝土，改变了板式轨道的限位方式，扩展了板下填充材料，优化了轨道结构，改善了轨道弹性，完善了设计理论体系。同时也简化了施工工艺，减少了对环境的污染，而且造价也相对较低。

图 4.1 CRTS Ⅲ型板式无砟轨道结构示意图

轨道板改用无挡肩板为有挡肩板，配套弹性不分开式扣件，有利于降低轨道刚度，提高轨道弹性。此轨道板与福斯罗 300 型扣件系统配套，有很好的适用性，并使其具备较好的施工性能和保持轨距的能力。轨道板以有挡肩扣件和双向预应力为配套设计标准，不分开扣件系统与后张双向预应力轨道板巧妙结合，更利于确保钢轨在高速列车动载作用下趋于稳定。而曲线地段是通过微调承轨台位置来满足轨道空间上的线型要求。

CRTS Ⅲ型板式无砟轨道通过板下两排门型钢筋将内设钢筋网片的自密实混凝土与轨道板可靠连接成符合结构，充填层自密实混凝土与底座间设置中间隔离层，限位采用底座上的限位凹槽。自密实混凝土与 CA 砂浆填充层相比较，具有结构整体性好的优点，可有效控制轨道板离缝、翘曲、板下填充层开裂等质量通病，其工艺简单，性能稳定，耐久性好，成本低廉。

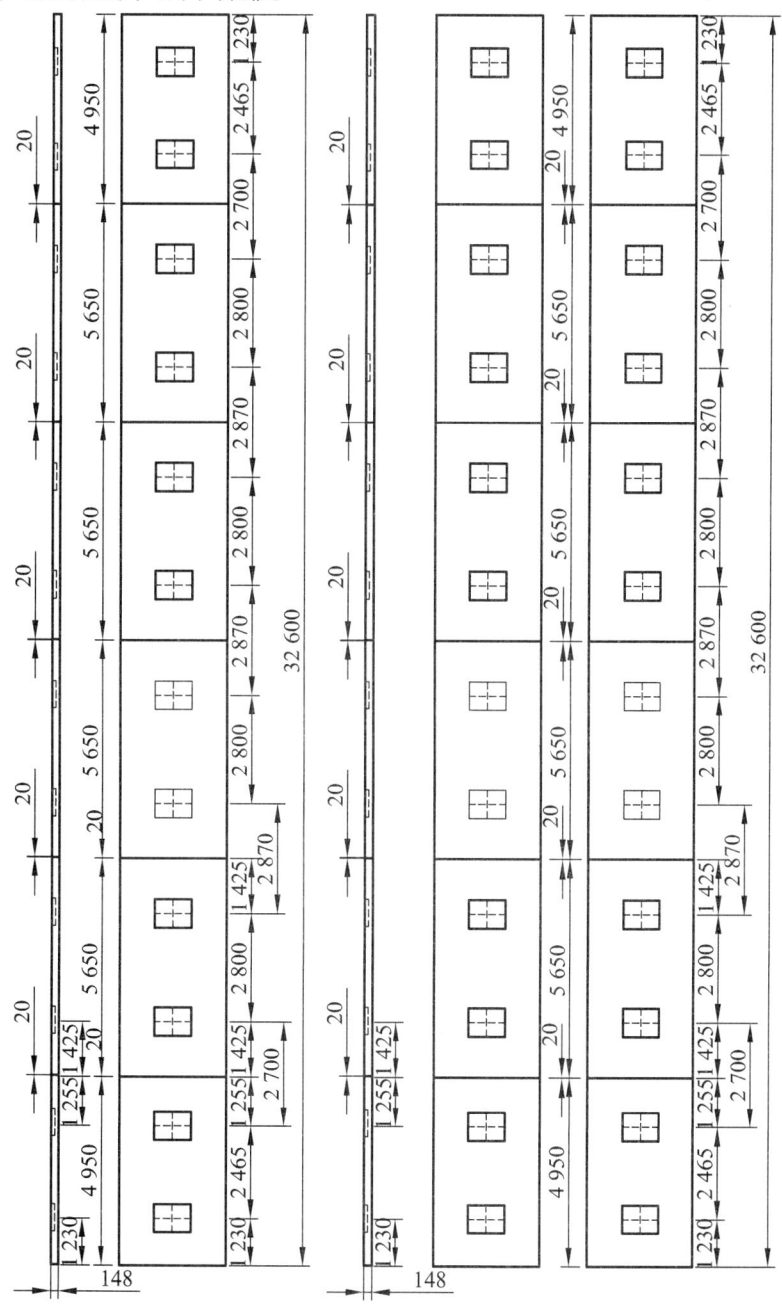

图 4.2 CRTS Ⅲ型板式无砟轨道在 32 m 标准简支梁上的布置示意图

桥梁、隧道、路基上均采用分段式钢筋混凝土道床结构，路基、隧道地段钢筋混凝土底座一般按 2~3 块轨道板为一个单元，桥梁上底座按 1 块轨道板为一个单元。单块 CRTS Ⅲ 型板式无砟轨道标准长度有 P5600、P4925、P4856 三种。在自密实混凝土与底座之间设置土工布隔离层来实现上下结构分离，便于维修。图 4.2 是 32 m 标准简支梁上轨道结构布置示意图。

4.1.2　CRTS Ⅲ 型板式无砟轨道结构组成

CRTS Ⅲ 型板式无砟轨道结构组由钢轨、弹性扣件、轨道板、自密实混凝土层、隔离层以及具有限位功能的钢筋混凝土底座等部分组成。

（1）钢轨。

焊接长钢轨采用 60 kg/m、U71MnG、100 m 定尺长的无螺孔新轨，钢轨轨端采用 U71Mn 钢热处理工艺进行焊接整形。钢轨性能指标、各项要求应符合铁标《高速铁路用钢轨》TB/T 3276—2011 的要求。

（2）扣件。

采用福斯罗 300-1 型扣件。

（3）轨道板。

轨道板为带挡肩的双向预应力结构，采用全新绝缘技术措施，混凝土强度等级为 C60，由板下预留工作门型钢筋构成。CRTS Ⅲ 型板式无砟轨道应用于各条线路结构，组合方式基本相同，具体见表 4.1。

表 4.1　CRTS Ⅲ 型板式无砟轨道结构组成表

结构组成		单位	成灌线	武汉城轨线	神丹、盘营客专
钢轨	类型		U71Mn（K）60	U71Mn（K）60	U71Mn（K）60
	定尺长	m	100	100	100
扣件	类型	mm	WJ-8C	WJ-8B	WJ-8B
	高度	mm	176	176	176
	间距	mm	687	687	687
轨道板	承轨槽厚	mm	38	38	38
	长度	mm	5 350	5 350	5 600
	宽度	mm	2 500	2 500	2 500
	厚度	mm	190	190	210
填充层	材料		自密实混凝土	自密实混凝土	自密实混凝土
	厚度	mm	100	90	100
	宽度	mm	2 700	2 700	2 500
	长度	mm	同轨道板长	同轨道板长	同轨道板长
底座	厚度	mm	138（桥）162（隧）	240（路）190（桥隧）	280（路）180（桥隧）
	宽度	mm	2 700（桥）	3 100（路）2 900（桥隧）	3 100（路）2 900（桥隧）

续表

结构组成		单位	成灌线	武汉城轨线	神丹、盘营客专
底座	长度	mm	一块轨道板长	路基连续或4块板长,桥上1块板长,隧道2~4块板长	路隧2~3块板长,桥上1块板长
支承层	厚度	mm	238（路）		
	宽度	mm	3 100（路）		
限位方式			板下U形筋+底座凹槽或凸台	板下U形筋+底座凹槽	板下U形筋+底座凹槽
板间连接方式			桥上无连接,路基上用预应力钢棒	路桥隧板间无连接	路桥隧板间无连接
结构高度	路基	mm	780	772	842
	桥梁	mm	680	722	742
	隧道	mm	780	722	742

（4）自密实混凝土。

自密实混凝土层为单元结构，长度和宽度同轨道板，厚100 mm。采用C40的自密实混凝土，其内设置单层CRB550级冷轧带肋钢筋焊网。对应每块轨道板范围内自密实混凝土层中设置2~3个凸台，与底座上设置的凹槽相互咬合进行限位。

（5）隔离层。

自密实混凝土层与底座间设置4 mm厚的土工布隔离层。除自密实混凝土凸台四周侧壁外，隔离层应覆盖自密实混凝土底层全部范围，以实现自密实混凝土层与底座间的良好隔离，便于后期维修。为了方便施工，隔离层土工布尺寸应合理选择，可采用宽度为2.6 m（每边多余5 cm），长度为$NP+L$的整块材料（其中P为单元轨道板的长度，L为冗余量，一般取20 cm），土工布侧边尺寸略大于轨道板宽度5 cm，避免自密实混凝土在灌注时由于自重而发生漏浆问题，其多余部分在灌注完成后进行切割处理。除底座凹槽外，每块轨道板下的自密实混凝土层范围内的隔离层按一整块设置，不得拼接。

（6）弹性缓冲垫层。

底座凹槽四周与自密实混凝土凸台之间设置8 mm厚的弹性缓冲垫层，弹性垫板外围四周用泡沫板包裹，两者用胶体粘贴于底座凹槽侧壁上。

（7）底座。

单元底座为钢筋混凝土结构，混凝土强度等级为C40，混凝土内设置双层CRB550级冷轧带肋钢筋焊网。底座在桥梁段落上时，长度上一般与轨道板单元长度对应，底座在路基、隧道段落上时，长度除与轨道板单元长度（$1P$）对应外，还有$2P$或$3P$板（"P"为轨道板单元板）。桥梁、隧道地段底座宽度为2 900 mm，路基地段底座宽度为3 100 mm；桥梁、隧道地段的直线段底座厚度为184 mm，路基地段的直线段底座厚度为 284 mm，曲线段根据超高具体确定。

相邻底座单元间设置 20 mm 的伸缩缝，伸缩缝处填充聚乙烯泡沫板，泡沫塑料板顶部采用密封胶封闭。路基地段底座横向排水通道两侧处通过搭板连接成为一体，形成排水通道处底座单元；其他地段每 2~3 块轨道板范围对应底座为一个整体单元，单元间设置 20 mm 伸缩缝，伸缩缝处设传力杆并填聚乙烯泡沫塑料板，顶部采用封闭胶封闭。

底座对应自密实混凝土凸台位置设置凹槽，通过凸台与凹槽咬合进行轨道板限位。

（8）超高设置。

无砟轨道曲线段的超高是在底座上设置完成的，超高值通过曲线外侧底座板加高而实现，直线段和曲线段由缓和曲线过渡衔接完成超高，圆曲线部分达到最大设计超高值。

（9）排水措施。

桥梁采用线路两侧及线间三面排水方式进行桥面排水。

路基线间排水通过底座间设横向排水通道实现。为满足线间排水要求，沿路线纵向以每不大于 30 m 设置一处排水通道为原则。排水通道处底座边与轨道板端对齐，并在底座板下设置 C30 钢筋混凝土搭板。搭板沿线路纵向长 2 m，横向与底座等宽，搭板表面设置 2%的向线路外侧的横向排水坡。排水通道范围搭板表面应平整，其平整度应满足不大于 3 mm/m。底座施工前，搭板表面（除排水通道范围外）应进行凿毛处理，并通过预埋连接钢筋，使搭板与底座紧密连接成为一体。浇筑完成的线间封闭层将线间水引入底座横向排水通道排水。

双线隧道内无砟轨道道床线间排水流向线路中心排水沟槽内，两侧排水汇入隧道排水沟进行排水。

4.1.3 CRTS Ⅲ型板式无砟轨道施工总工艺流程图

CRTS Ⅲ型板式无砟轨道的施工主要由底座施工、轨道板铺设、自密实混凝土施工、轨道板精调四大部分组成，这四大施工流程间存在交叉作业，为了缓解轨道板运输、隔离层土工布铺设、钢筋网片安装、轨道板粗铺精调的时间紧迫性，缓解作业面上的交通流量，在某一区段上底座浇筑形成双幅时，随即开始下一区段上单幅作业，实行分段施工法。根据从粗铺到自密实混凝土灌注的有效期及轨道板精调后的周期，合理安排。CRTS Ⅲ型板式无砟轨道施工总工艺流程图如图 4.3 所示。

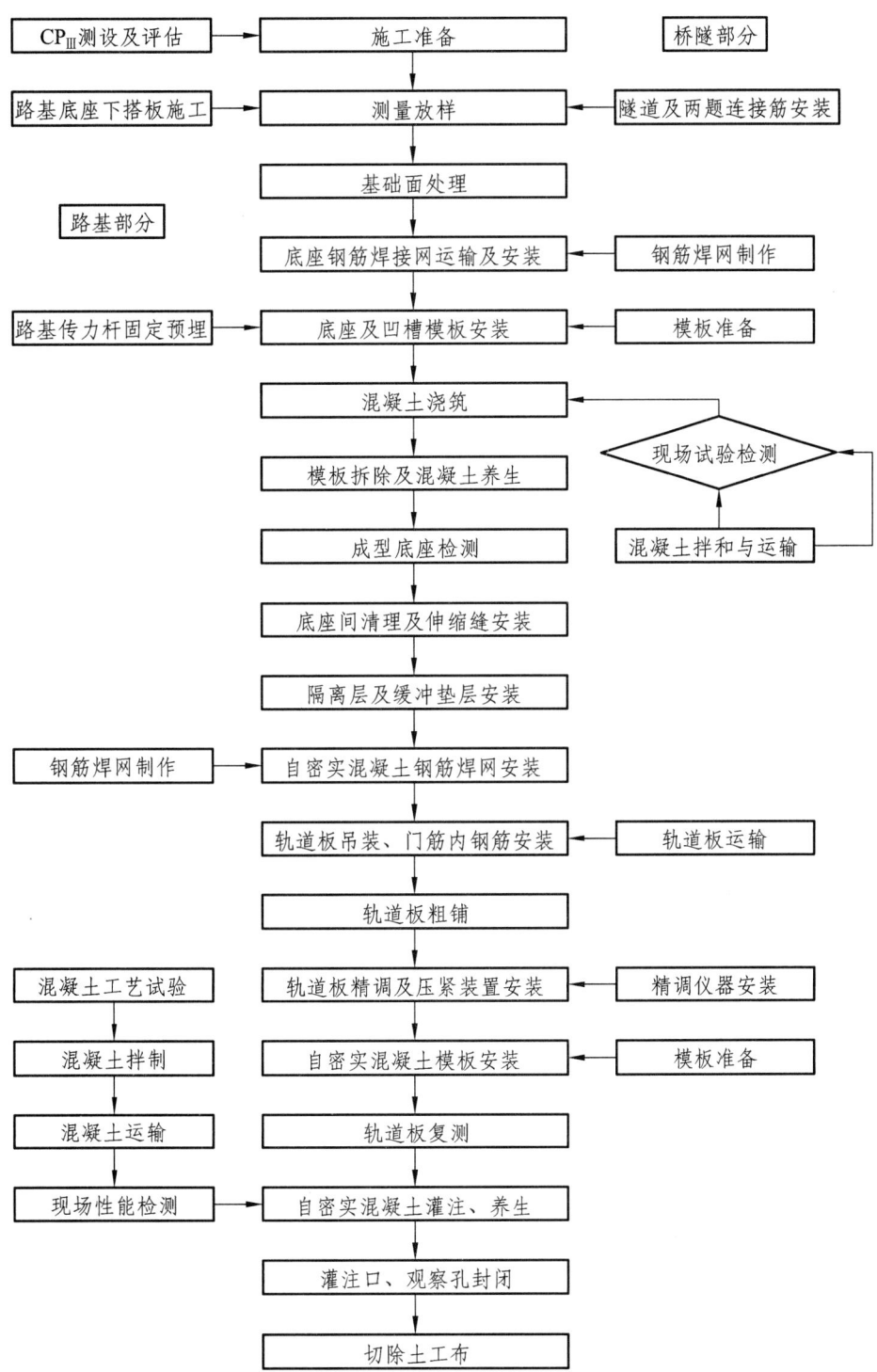

图 4.3 CRTS Ⅲ型板式无砟轨道施工总工艺流程

4.2　CRTS Ⅲ型板式无砟轨道精调

4.2.1　精调施工工艺原理

CRTS Ⅲ型板式无砟轨道轨道板铺设完成后，在承轨台上安装扣件及钢轨，经联调联试后即可通车运营。为了保证线路的平顺性，要求轨道板的定位精度非常高，以减少后期扣件的调整量。轨道板精调主要靠安装在轨道板四角的精调器进行高程调整、中线调整。依据无砟轨道结构从上向下控制的设计原则，结合 CRTS Ⅲ型轨道板结构尺寸，专业设计出钢轨位置模拟装置，即精调标架（图 4.4）。该标架上安放精密棱镜，由全站仪测定棱镜三维坐标并计算轨道板上四个棱镜位置与设计位置的横向和竖向偏差量，根据精调系统显示的偏差量调节精调器，调整轨道板到正确空间位置，即将轨道板中线和轨道板顶面高程精调到设计值（符合标准要求），实现对轨道板亚毫米级的三维精确定位。

图 4.4　精调标架

4.2.2　精调施工作业准备

（1）技术准备。

无砟轨道测量控制是以 CPⅢ控制网实现的，在轨道控制网 CPⅢ施测前，应按照相关规定进行技术方案设计，并报审。CPⅢ高程控制网测量前，应确保线路两侧 500 m 范围内的水准点间距为 2 000 m 左右，否则应采用精密水准测量方法加密水准点。CPⅢ点沿线路布置，横向间距不应超过结构宽度。对同一对 CPⅢ点的里程差不宜大于 1 m。桥梁上的 CPⅢ点应设在桥梁固定支座端。无砟轨道测量按铁标《高速铁路工程测量规范》（TB 10601—2009）要求进行控制，测设期间要对轨道控制网定期进行复测维护。测量记录、计算成果和图表应书写清楚、签署完整，并应复核和检算，未经符合和检算的资料严禁使用。各种测量原始记录（包括磁卡、电子记录）、计算成果和图表应按照有关规定妥善保存。各种测量仪器和工具应做好日常保养和维护工作,并定期校验和检定。全站仪自动观测的控制测量软件和控制网内业平差计算与精度评定的数据处理软件,应通过相关单位组织评审或鉴定通过。CPⅢ控制网测量完毕,应满足铁标《高速铁路工程测量规范》(TB 10601—2009),并通过第三方有相应资质的单位评估验收。

具体要求如下:

① 对技术人员、管理人员和架子队施工人员交底精调知识,配合人员全员进行培训,使其熟练掌握轨道板精调作业的施工方法及验收标准,相关人员考核合格后方可上岗。

② 轨道板粗铺完成后,为了减少后续轨道板精确调整的工作量,轨道板粗铺的位置允许偏差为:纵向不应大于 10 mm,横向不应大于精调调节装置横向调程的 1/2。

③ 为了减少轨道板张力的变形以及大气折光而影响精调,原则上只在大气条件较好(路基、桥梁区段宜选择在无风无雨、气温较低的阴天或夜间)的情况下进行轨道板精调工作。

④ 白天(日照强烈)进行轨道板精调作业时,必须在工作棚内进行。

(2)设备准备。

轨道板精调所需主要设备见表 4.2。

表 4.2 轨道板精调主要设备表

序号	设备	数量	用途及配置要求
1	CRTS Ⅲ型板测量标架	4个	轨道板精调作业的测量装置,应经过严格的校正,最好是使用 CRTSⅢ型板精调的标准标架
2	全站仪	1台	测量辅助测量标架上的棱镜坐标,带马达驱动、自动照准功能和数据自动记录功能,方向测量中误差不大于±1″,测距中误差不大± (1 mm+2×10^{-6})
3	特制精调矮三脚架	1个	架设全站仪,减小角误差的影响
4	气象量测仪器	1套	用于测距温度、气压改正,要求温度计读数能精确至 0.2 ℃,气压计读数能精确至 0.5 hPa,且温度计、气压计均应经过相关部门的检定
5	CRTSⅢ棱镜组件	8个	用于全站仪自由设站
6	控制中心 PDA	1套	运行轨道板精调作业软件,控制并完成轨道板精调测量

4.2.3 轨道板精调施工技术

(1)精调器安装。

轨道板粗铺完成后,即可安装精调器,轨道板精调主要靠安装在轨道板四角的精调器进行调节。轨道板精调器与轨道板采用直径 24 mm 的螺栓连接,连接要牢固。精调器安置要垂直,紧贴轨道板侧面,精调器底部坐落于轨道板底座上,利用精调器底部的倒齿与底座面形成抓力固定。根据精调系统显示的调整数据，用加长臂 24 号套筒扳手调整精调器螺栓，从而将轨道板中线和轨道板顶面高程精调到设计值。

轨道板精调器使用前应对其相应部位进行润滑，并且安装时前、后、左、右对称居中，使之能左右、上下和前后伸缩至少有 10 mm 的余量，以避免出现调节能力不足的问题。精调调节装置安装后，应调节 4 个精调爪，将轨道板抬高 2、3 mm，将粗铺时放置的 4 个临时支撑取出，如图 4.5 所示。

图 4.5　轨道板精调器安装示意图

（2）轨道板粗调。

轨道板铺设上道后，即可安装精调器，进行粗调作业。轨道板前后、左右都要与轨道板粗铺线基本对齐，纵向和横向误差不大于 5 mm。简支梁梁端轨道板一般情况下与梁端平齐（除特殊设计外），保证 32.6 m、24.6 m 简支梁轨道板 7 cm 或 8 cm 的板缝距离，且轨道板禁止覆盖底座间的伸缩缝。为了节省轨道板精调时间，在轨道板精调开始前，施工现场可以根据底座复测数据以及无砟轨道的结构特点，把轨道板预放在设计位置（高度、平面位置），实地照片如图 4.6。

图 4.6　轨道板粗调示意图

（3）轨道板精调。

轨道板精调流程如图4.7所示。

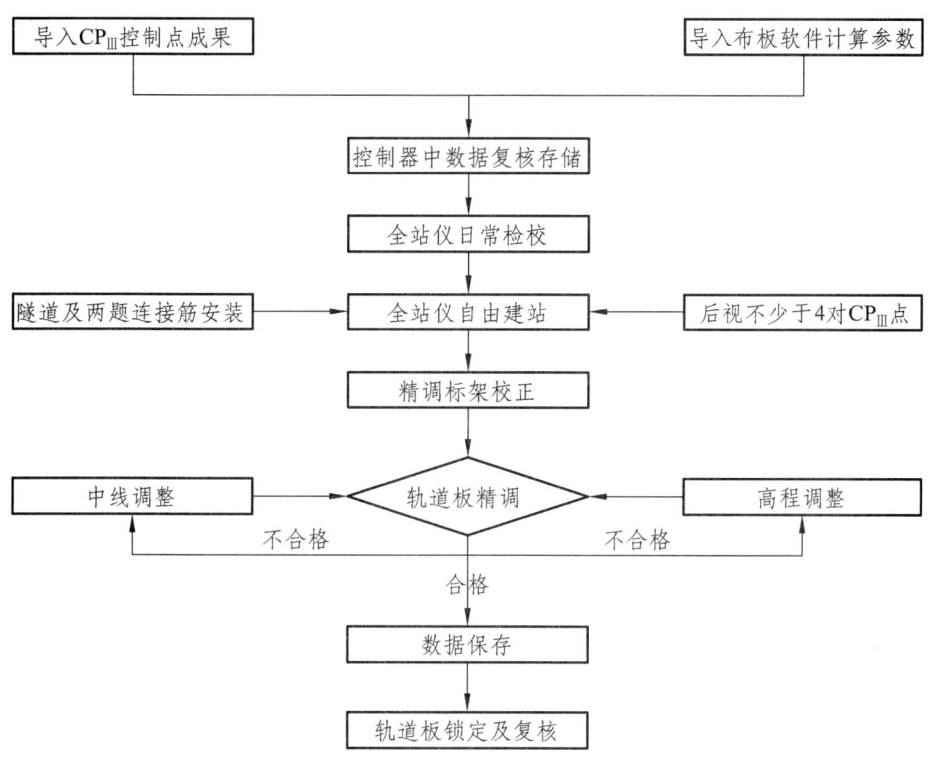

图4.7 CRTS Ⅲ轨道板精调工艺流程图

精调过程：

① 标架检校。精调系统在使用前，一定要对标架四脚的平整度进行检校，再将必要的常数录入到程序中。在使用过程中，如发现磕碰等意外情况，也要重复检校。

② 架设全站仪。设站使用的 CP Ⅲ 坐标需要事先输入到精调系统中。自由设站即是测量中的后方交会法，即将仪器架在待定点上，观测两个或两个以上已知点，求解得待定点坐标的测量方法，而 CP Ⅲ 测设时采用多余观测法，后视不少于 4 对已知点，使测设精度更高。全站仪定向完成之后，必须参考前一块已铺设好的轨道板上的最后一个支点数据，以消除搭接误差。如果基准网有超常误差，必须将误差改正后再测量，使得轨道板之间平顺度在限差要求之内。自由设站观测图如图4.8所示。

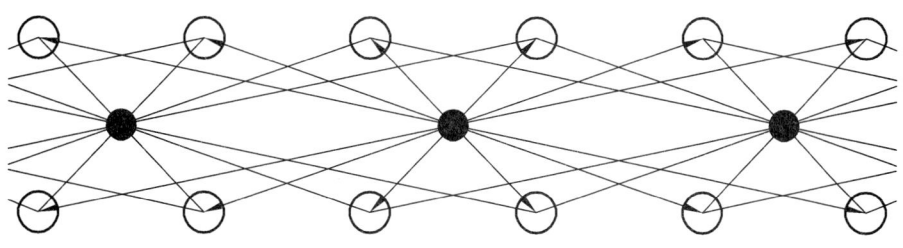

图4.8 CRTS Ⅲ轨道板精调自由设站示意图

③标架安放：放置在轨道板第二对和倒数第二对承轨台上。
④启动轨道板精调软件测量，根据偏差值调整轨道板的空间位置。

（4）轨道板灌注后的复测。

第一步，调整未精调轨道板与已精调轨道板的搭接端，将当前待调整轨道板已调整好的轨道板空间位置大体一致，可以借助一些辅助装置进行，加快调板速度。

第二步，通过精调软件指挥全站仪观测放置在轨道板第二对和倒数第二对承轨台标架上的棱镜，根据测得的坐标值计算出实测值和理论值之间的偏差值，对轨道板的空间位置进行精确调整。精调作业遵循先横向后竖向的调整顺序，操作人员应听从测量员的指挥，密切合作，两侧相对同时进行调整。调整完成后，进行完整的复核测量，当偏差值小于限差要求时，轨道板调整完成，保存精调成果，转入下一轨道板的调整，重复以上工作。

（5）注意事项：精调作业前再次检查粗铺精度，对明显偏差的轨道板，先调整到一定精度范围内，再进行测量调整；精调后安装压杠，场地要显著标识已精调区，设置警示线，禁止踩踏已精调轨道板。

在曲线超高段，为了避免轨道板在重力作用下发生滑移，需在曲线内侧设置防侧移装置（图 4.9），防侧移装置通过膨胀螺丝固定在底座上，通过调整防侧移装置中的螺栓来固定精调完毕的轨道板。施工现场操作时，防侧移装置螺栓的顶紧力度要适中。力度太大，则容易使精调完成的轨道板偏离设计平面位置；力度太小，甚至没有接触轨道板，则防侧移装置不能发挥作用，轨道板灌注时容易发生平面偏移。

图 4.9 曲线段防侧移装置

为了精确测定轨道板灌注完成的几何状态，在轨道板灌注稳定后须对轨道板进行控制测量。在进行控制测量时采用 CPⅢ自由设站方式进行测量，并利用测量的原始数据及专业软件对轨道板的平顺性进行分析，为钢轨精调提供参考数据。

利用 CPⅢ控制网检测作业步骤：

① 全站仪在 CPⅢ网内进行自由设站，一般不少于6个观测点，测站精度同精调时全站仪的设站精度。

② 使用标准标架，对轨道板上的6个承轨台进行数据采集，具体采集方法为一站测量5、6块轨道板（40 m 左右为宜），每一测站的轨道板看作一个整体，用标准标架的触及端密贴轨道板的外钳口，用由远及近或者由近及远的方法测量，然后再用标准标架的触及端密贴轨道板的外钳口，用由近及远或者由远及近的方法测量,路线为U字形。

③ 在换站测量的时候要搭接上一测站的1、2块板，以减少测站间的误差。在换站的时候最好测量搭接区轨道板坐标与上一站所测坐标进行比较，如相差较大则检查测站精度，重新设站，设站时应该利用上一站最后一块板的两棱镜进行长度高程传递定向。

④ 数据导出，并进行分析。

4.2.4 轨道板精调施工作业质量要求

（1）质量要求。

① 轨道板铺设未知的允许偏差应符合表4.3 规定。

表4.3 轨道板铺设定位精调测量允许误差

序号	检查项目		允许偏差/mm
1	高程		±0.5
2	中线		0.5
3	相邻轨道板接缝处承轨台顶面相对高差		0.5
4	相邻轨道板接缝处承轨台顶面平面位置		0.5
5	轨道板纵向位置	曲线地段	1
		直线地段	3

② 灌注自密实混凝土后轨道板位置允许偏差应符合表4.4 规定。

表4.4 轨道板灌注混凝土位置允许偏差

序号	检查项目		允许偏差/mm	备注
1	高		±2	
2	中		2	
3	相邻轨道板接缝处承轨台顶面相对高差		1	不允许3块以上轨道板出现同向偏差
4	相邻轨道板接缝处承轨台顶面平面位置		1	
5	轨道板纵向位置	曲线地段	2	
		直线地段	5	

（2）质量控制。

① 最新的 CPⅢ控制点成果数据及布板软件计算出的轨道板精调数据导入站仪中，

并现场进行复核，发现问题立即停止精调作业，直到精调参数确认无误后，方可继续进行精调作业。

② 全站仪投入使用前，应在室外放置 20 min 以上，保证全站仪温度与环境温度相适应，然后现场检校全站仪的精度指标，包括 l 补偿器、t 补偿器、i 指标差、c 视准差、a 横轴差、ATR 水平差、ATR 垂直差等，检校合格后，方可投入使用。

③ 精调作业时，首先在距待调整轨道板前方五块轨道板的位置处，架设全站仪进行自由设站，自由设站观测的 CPⅢ点不少于 4 对，全站仪宜架设在线路中线附近，位于所观测 CPⅢ控制点的中间，更换测站后，相邻测站重叠观测的 CPⅢ点不少于 2 对，具体设站精度满足表 4.5 中的要求。

表 4.5　全站仪自由设站精度要求

序号	项目	精度要求
1	X	≤0.7
2	Y	≤0.7
3	H	≤0.7
4	定向精度	≤2″

④ 每天精调作业之前或环境温度发生突变时，利用标准标架对 1#、2#、3#其他标架进行校正。

⑤ 轨道板精调作业过程中应注意架设全站仪位置处的轨道板严禁踩踏，避免出现因全站仪架设不稳定而造成精调数据不准确。

⑥ 精调过程中遵循先横向后竖向的调整顺序，操作人员应听从测量员的指挥，密切合作，两侧相对同时进行调整。

⑦ 严禁雷雨天、大风天、强光环境下进行轨道板精调作业，严格控制轨道板精调的时间选择。

复习思考题

1. 简述 CRTSⅢ型板式无砟轨道施工工艺流程，并指出各环节质量控制要点。

2. 试制作全站仪自由设站法精调测量点位坐标计算电子表格，有能力的同学可以尝试编写简易计算程序。

第 5 章　双块式整体道床精调

5.1 概　述

根据客运专线高速铁路对轨道结构的要求，我国引进德国的无砟轨道技术，并通过消化、吸收和再创新，自主研发了中国特色的无砟轨道技术，其中双块式无砟轨道就是一种。整体道床作为无砟轨道结构最重要的组成部分，它的施工质量将直接影响无砟轨道结构的性能。

目前国内客运专线所确定的无砟轨道主要有 CRTS Ⅰ 型板式无砟轨道（CRTS Ⅰ s）、CRTS Ⅱ 型板式无砟轨道（CRTS Ⅱ s）、CRTS Ⅲ 型板式无砟轨道（CRTS Ⅲ s）和 CRTS Ⅰ 型双块式无砟轨道（CRTS Ⅰ b）、CRTS Ⅱ 型双块式无砟轨道（CRTS Ⅱ b）等几种形式。

5.1.1　CRTS Ⅰ 型双块式无砟轨道（CRTS Ⅰ b）

CRTS Ⅰ b 是将预制的双块式轨枕组装成轨排，以现场浇筑混凝土方式将轨枕浇入均匀连续的钢筋混凝土道床内，并适应于 ZPW-2000 轨道电路的无砟轨道结构形式。

CRTS Ⅰ b 系统主要由钢轨、扣件系统、双块式轨枕、道床板、混凝土支承层或钢筋混凝土底座（桥上）等部分组成，双块式轨枕为工厂预制件。

路基 CRTS Ⅰ b 型双块式轨道道床板浇筑于混凝土支承层上（见图 5.1）；隧道内直接浇筑于隧底仰拱填充层上（见图 5.2）；桥梁采用分块式道床板，浇筑于钢筋混凝土底座或保护层上，并在底座中部设置限位凸台或凹槽。

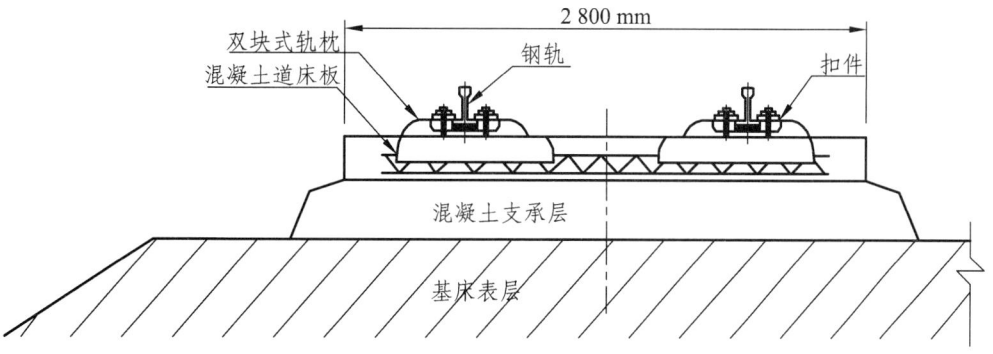

图 5.1　路基 CRTS Ⅰ b 型双块式轨道

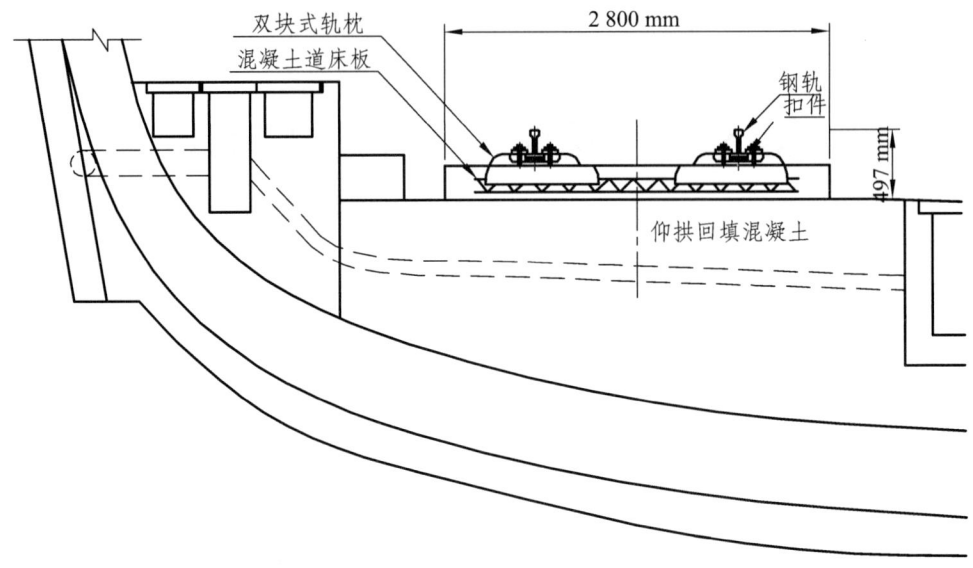

图 5.2 隧道 CRTS Ⅰb 型双块式轨道

CRTS Ⅰb 型双块式轨道的特点：
① 结构整体性较强；
② 施工简单，运输方便，制造、初期投资相对较小；
③ 对于路、桥、腿、道岔区可采用统一结构类型，技术要求及标准相对单一；
④ 现场混凝土浇筑量大，施工进度较慢现病害时修复较为困难；
⑤ 出现病害时修复较为困难。

5.1.2 CRTS Ⅰb 型双块式无砟轨道（CRTS Ⅰb）

CRTS Ⅰb 是将预制的双块式轨枕通过机械振动法嵌入现场浇筑的均匀连续的钢筋混凝土道床内形成整体，并适应于 ZPW-2000 轨道电路的无砟轨道结构形式。

CRTS Ⅰb 系统由钢轨、扣件系统、双块式轨枕、道床板、混凝土支承层或钢筋混凝土底座（桥梁）等部分组成。路基地段与 CRTS Ⅰb 结构相似，长梁地段在道床板下设置底座，隧道直线地段道床板置于隧底仰拱填充层上。

CRTS Ⅰb 型双块式轨道的施工特点：
① 结构整体性强，轨枕采用震动方式压入混凝土中，避免了灌注过程中的振捣不密实，加强了新老混凝土接合面的连接；
② 施工机械化程度高，施工进度相对较快；
③ 施工必须由专业人员操作，设备规模大，施工灵活性较差；
④ 出现病害时修复较为困难。

5.2 轨道几何状态测量仪

瑞士安伯格公司生产的 GRP 系列是一个集轨道几何形状测量与限界测量于一体的高效测量系统,能很好地满足高速铁路无砟轨道检测的要求。GRP 系列有以下三种标准型号：GRP1000、GRP3000、GRP5000（见图 5.3），以瑞士安伯格 GRP1000 轨检小车为例：

瑞士安伯格 GRP1000 轨检小车是一个集轨道几何形状测量与限界测量于一体的高效测量系统,能很好地满足高速铁路无砟轨道检测的要求。下面详细介绍 GRP1000 用于无砟轨道里程检测,轨道中线坐标及轨面高程检测、轨距检测、超高检测、扭曲检测、高低检测的基本方法和注意事项。

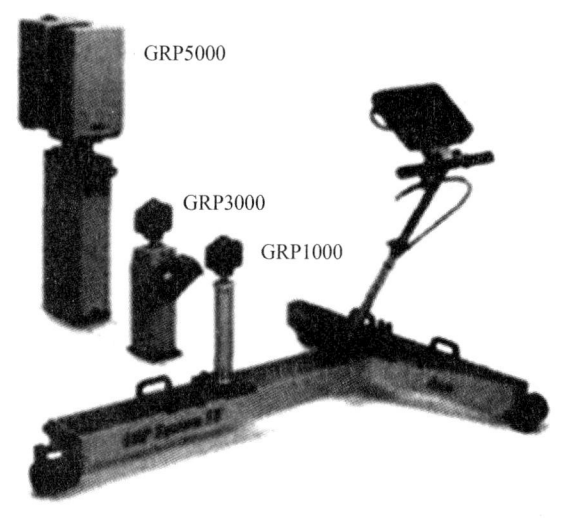

图 5.3

1. GRP1000 测量系统的介绍

GRP1000 测量系统主要由 TGS FX 手推轨检车 GBC100 棱镜、GRPwin 测量和分析软件包三大部分组成。TGS FX 轨检车内安装高精度的传感器装置,用于测量轨道高低、轨向（短波和长波不平顺）、水平、轨距、里程。单独使用 GRP1000 可以测量无砟轨道静态几何参数。为了满足无砟轨道三维绝对位置坐标的精度要求,需要用 LEICA TPS 全站仪来对 GRP1000 定位,上述定位测量通过全站仪的自动目标照准功能以及与 GRP1000 之间连续的无线通信来实现。GRP1000 轨道测量系统不仅可以用于无砟轨道的铺设施工质量,还适用于道岔的安装质量,轨道竣工以后,可以利用该系统对整个轨道进行竣工验收测量,记录整个轨道的几何状态,生成轨道几何状态记录表作为永久的资料保存,这些资料可以作为以后轨道维护的参考标准。

2. 轨道精密检测的精度标准

（1）客运专线无砟轨道静态平顺度允许偏差执行表 5.1。

表 5.1　无砟轨道静态平顺度允许偏差

设计时速	高低/mm	轨向/mm	水平/mm	轨距/mm	扭曲/mm
200＜V≤350 km/h	2	2	1	±1	2
V=200 km/h	2	2	2	+1 −2	3
弦长/m	10			—	

（2）客运专线无砟轨道轨面高程、轨道中线、线间距允许偏差执行表 5.2。

表 5.2　无砟轨道轨面高程、轨道中线、线间距允许偏差

序号	项目		允许偏差/mm
1	轨面高程与设计比较	一般路基	+4
		在建筑物上	−6
		紧靠站台	+4 0
2	轨道中线与设计中线差		10
3	线间距		+10 0

（3）客运专线无砟轨道道岔静态平顺度允许偏差执行表 5.3。

表 5.3　无砟轨道道岔铺设静态平顺度允许偏差

设计时速	高低/mm	轨向/mm	水平/mm	轨距/mm	扭曲/mm
200＜V≤350 km/h	2	2	1	±1	2
V=200 km/h	2	2	2	±1	3
弦长/m	10			—	

3. 轨道检测作业方法

轨道验收精密检测作业时，全站仪在靠近线路中心处自由设站，后视 8 个 CPⅢ控制点，由机载软件解算出测站三维坐标后，配合轨检小车进行轨道检测，轨检小车由人推着在轨道上缓慢移动，由远及近地靠向全站仪。检测点根据要求而确定，道岔及重要附属构筑物应加测点。检测作业方法如图 5.4 所示。

（1）轨道里程检测。

根据不同项目工程验收检测要求，可以采用以下两种里程检测方案：

① 如果全线设计里程贯通，可用全站仪实测出轨检小车上棱镜中心的三维坐标，

将该点投影到设计平曲线上,以投影点的里程为小车当前检定位置的里程。

② 当全线设计里程不贯通时,可根据轨检小车量测的中线绝对坐标和轨面高程反算两点之间的空间距离,进行全线精确的里程贯通。

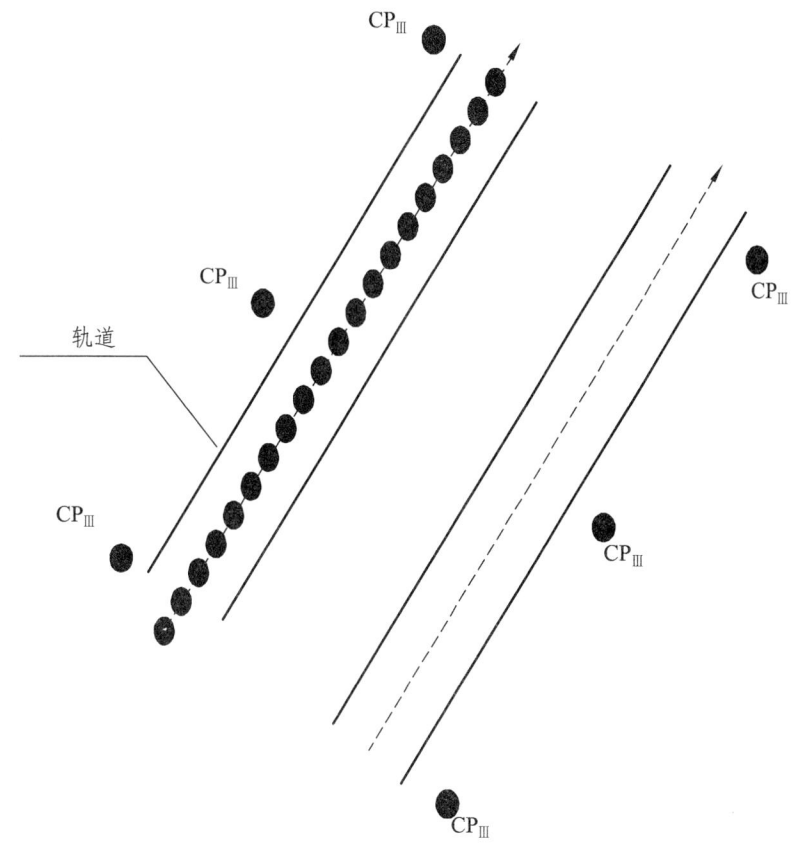

图 5.4　检测作业方法示意

(2) 轨道中线坐标及轨面高程的检测。

轨道中线坐标和轨面高程的检测是对线路轨道工程质量状况最基本的评价。通过检测轨道实测坐标和高程值与线路设计值之间的差值以全面直观反映轨道工程质量。

在进行轨道中线坐标和轨面高程检测时,使用高精度全站仪实测出轨检小车上棱镜中心的三维坐标然后结合事先严格标定的轨检小车的几何参数、定向参数、水平传感器所测横向倾角及实测轨距,即可推算出对应里程处的中线位置和左右轨的轨面高程。从而与该里程处的设计中线坐标和设计轨面高程进行比较得到实测的线路绝对位置与理论设计之间的差值。

(3) 轨距检测。

轨距指两股钢轨头部内侧轨顶面下 16 mm 处两作用边之间的最小距离。轨距不合格将使车辆运行时产生剧烈的振动。标准轨距的标称值为 1435 mm 在轨距检测时通过轨检小车上的轨距传感器进行轨距测量。轨检小车的横梁长度须事先严格标定,则轨距可由横梁的固定长度加上轨距传感器测量的可变长度而得到，进而进行测轨设计轨距的比较。

（4）超高检测。

列车通过曲线时将产生向外的离心作用，该作用使曲线外轨受到很大的挤压力，不仅加速外轨磨耗，严重时还会挤翻外轨导致列车倾覆，为平衡离心作用，在曲线轨道上设置外轨超高。

检测时由轨检小车上搭载的水平传感器测出小车的横向倾角，再结合两钢轨顶面中心间的距离，即可求出线路超高，进而进行实测超高与设计超高的比较。在每次作业前水平传感器必须校准。

（5）轨道扭曲（三角坑）检测。

扭曲指在 6 125 m 的范围内，左右股钢轨间形成的一个凹陷。扭曲使列车车轮不能全部正常压紧钢轨，在最不利情况下甚至可以爬上钢轨，引起脱轨事故。检测方法为：轨道左右轨面高程得到以后即可按照 6 125 m 的基长算轨道的扭曲值。

（6）轨向检测。

轨向指轨道的方向在直线上是否平直，在曲线上是否圆顺。如果轨向不良，势必引起列车运行中的摇晃和蛇行运动，影响到行车的速度和旅客舒适性，甚至危及行车安全。

实测中线平面坐标得到以后，在给定弦长的情况下可计算出任一实测点的平面正矢值。该实测点向设计平曲线投影，则可计算出投影点的设计平面正矢值，继而可进行轨向检测。

（7）高低检测。

一股钢轨顶面纵向的高低差叫作线路的前后高低。高低的存在使列车通过这些钢轨时，钢轨受力不再均匀，从而加剧钢轨与道床的变形与旅客舒适性。

实测轨面高程得到以后，在给定弦长的情况下，任一实测点的正矢可通过计算得到，该里程处的基于竖曲线的设计正矢同样可计算得到。继而可进行高低检测。高低检测的原理与轨向检测相同，分长波与短波进行检测，检测的限差标准也相同。

4. 轨道检测时的注意事项

（1）每天工作之前，在现场（条件较好，无阳光直射和风吹）或室内对全站仪进行校准，以确保全站仪处于良好的工作状态。

（2）轨检小车上下轨道前必须先把轨距传感器扳回并且小车每次上轨道后必须进行水平传感器校正，然后才能作业。保证精密仪器在运输及工作时的安全。

（3）全站仪设站时用 8 个以上 CPⅢ控制点后方交会定向，定向三维坐标残差小 1 mm，方向残差小于 2″。

（4）全站仪设站时一般情况下要保留 6 个 CPⅢ控制点，特殊情况下不少于 4 个。剔除不合格控制点时要慎重，优先剔除背离轨检小车所在一侧的控制点，最后要确保选用的控制点覆盖本测站的测量范围。高程不能只使用近处的 4 个控制点来控制，这容易造成目标距离较远的点的高程数据不可靠。

（5）全站仪开始测量前和本站测量完成后需放样检核已知 CPⅢ控制点，目的是检查全站仪气泡精平情况，一般至少使用 1 个近的控制点（50~60 m）和 1 个近的控制点（100~120 m）进行检核。如本站测量完成后检查已知 CPⅢ控制点偏差超过 1 mm，则这一设站测量的数据应舍弃，并重新设站测量。

（6）全站仪与轨检小车的有效测程范围为 10~80 m。

（7）全站仪每次搬站后要重复测量 3 个点，如两次较差小于 2 mm，则保存数据后可以继续推进，如两次较差大于 2 mm，需考虑全站仪重新设站。

（8）全站仪定向通不过，首先考虑设站问题，检查精平气泡，控制点棱镜是否对准全站仪（这将影响方位及坐标），棱镜头与插杆是否严密套实（影响高程）。如果不存在上述原因，再看是否是个别控制点本身精低造成的，剔除低精点即可。

（9）轨检小车在作业工程中会出现采集不成功的情况，主要是全站仪晃动使激光束无法从棱镜返回造成测量失败。如风吹脚架晃动，作业区域内有大型机械振动，火车及大型重车通过造成地基的震动或者桥梁的晃动等。实际作业过程中应尽量避免在上述不良观测条件下采集数据。

（10）轨检小车是通过无线通信控制全站仪自动数据采集的，作业过程中也有通信连接不上的时候。首先应检查连线是否接好，再看看附近有无电磁设备在作业造成电磁干扰等。

5.3 双块式整体道床精调测量

5.3.1 CRTS Ⅰ型双块式无砟轨道

CRTS Ⅰb型双块式无砟轨道采用双块式轨枕作为钢轨的支撑部件，施工中通过工具轨将轨枕组装成轨排，将轨排现浇入道床板混凝土内。由于采用了工具轨，其施工过程中的状况与正式线路的状况一致，测量是以钢轨作为基准进行测设。

由于钢轨自身具备一定的柔韧性，很容易形成曲线，所以轨排组装完成后其各部位偏差均匀，能够很好地保证线路的圆顺。同时由于采用了钢轨，可以通过前后工作面间的衔接及弦线的校核消除不平顺的误差，而且方便采用轨检小车进行作业，故其测量可以采用多种方式进行，且相对点位精度要求较低。

1. 基准线

（1）CRTS Ⅰ型双块式无砟轨道主要施工设备及工装设备。

CRTSⅠ型双块式无砟轨道主要施工设备有混凝土施工设备，滑模摊铺机，钢筋加工设备、轨排粗调机、散枕装置、螺杆调整器、汽车吊、龙门吊等。

CRTSⅠ型双块式无砟轨道主要施工工艺流程图如图 5.5 所示。

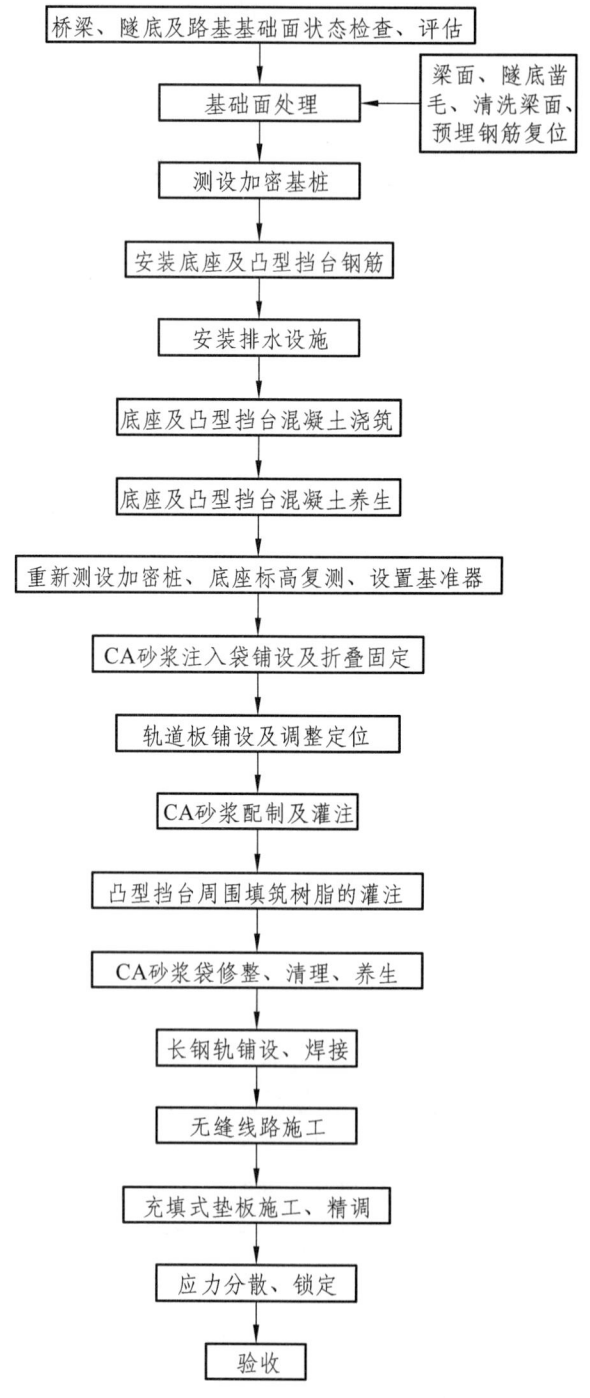

图 5.5 CRTSⅠ型板式无砟轨道施工流程

（2）底座、混凝土支承层施工。

双块式无砟轨道因为底座和混凝土支承层施工较简单，只需确定模板的位置及高程（摊铺机为滑模），不需再测设加密基桩，故可以直接采用CPⅢ控制点作为测设依据。

底座、混凝土支承层施工测量可按下列要求进行：

① CPⅢ控制点为依据，测设底座、混凝土支承层边线和混凝土模板位置。

② 用混凝土摊铺机进行混凝土支承层摊铺作业时，应设置基准线或导向钢索。基准线桩纵向间距不大于10 m，平、竖曲线路段视半径大小加密布置，最小值为2.5 m。

③ 凝土模板位置或基准线桩平面放样误差不大于5 mm，高程误差不大于5 mm。

（3）基准线的设置应符合如下要求。

① 横向支距：基准线桩固定位置到摊铺面板边缘的横向支距应根据滑模摊铺机侧模到传感器的位置而定，一般2~4履带跨中摊铺，两侧路面边缘宜不小于1 m宽度，最小不得小于0.65 m。基准线的高程应为其所在位置的路面边缘高程计入支距横坡高度后，加上设定的架设高度。

② 纵向间距：平面直线段应小于等于10 m，圆曲线段视半径大小而定，一般可为5~7 m。

③ 基准线桩固定：基层顶面到夹线臂的高度为50 cm，自基准线所在位置的路面边缘高程算起的基准线统一架设高度为30 cm。基准线桩夹线臂夹口到桩的水平距离为30 cm。夹线臂到桩顶垂直距离为15 cm。

④ 基准线长度：一根基准线的最大长度不得大于450 m。超过此长度并需要续摊铺时，应续接基准线。续接应通过同一个过渡桩的夹线臂口平顺连接。

⑤ 基准线张紧：基准线两端应各设一个紧线器，并应安置在基准线桩外侧30~50 cm处。在第一根桩与紧线器之间，应设一根扯线桩，扯线桩的夹线臂应低于基准线桩夹线臂。扯线桩应钉牢固，不能因曲线水平拉力而倾斜。基准线必须张紧，每侧基准线应施加大于等于1 000 N的拉力。张紧后基准线上的垂度不应大于1.0 mm，基准线应先张紧，再扣进夹线槽口。

⑥ 基准线施工要求：基准线设置好以后，禁止扰动。摊铺时，严禁碰撞和振动。一旦碰撞变位，应立即重新测量设定。基准线接头不得大于1 cm。每100 m基准线不得多于2个接头。多风季节施工时，应缩小基准线桩间距。风力达到5~6级时应停止施工。

（4）混凝土摊铺机施工时，也可不设置基准线或导向钢索，可用装有倾角传感器、速测仪和计算机配套软件进行连续视距测量的方法来控制混凝土断面位置。

2. 轨排粗调

双块式轨排可分为现场组装及预组装，但不论何种方式，轨排的调整均为测设轨道的中心线，使轨排的中心线与线路中心线重合。工程项目中为方便施工，可直接在线路中心线上测设加密基桩，方便轨排调整。因为轨排粗调只需轨排大致就位，方便上层钢筋的绑扎，防止精调后上层钢筋绑扎扰动轨排，故粗调轨排时，轨排中线放样误差应不大于 5 mm，钢轨内轨顶面高程放样误差应不大于 2.5 mm。

3．轨排精调

精调测量应在各类工序完成后进行，为防止因其他工序作业而影响轨排的状态。轨排精调应使用自动检测系统或者全站仪（测角精度 2″，测距 2 mm+2 ppm）及水准仪按精密水准测量要求进行。现场施工中应尽量使用高精度的测量仪器，测角应不少于两个测回，并且中心及高程应反复进行，防止单独调一个指标后其他指标发生改变。当轨排位于 CP Ⅲ控制点附近时，应尽量利用 CP Ⅲ控制点进行测量，以消除加密基桩的误差。

CRTS I 型双块式无砟轨道施工时，根据轨排的钢轨确定测量的点位。点位应设置在钢轨支撑架处，方便调整，且下一循环施工时（尤其在曲线地段及直缓点位置处），测量应伸入上一循环不少于一个轨排的距离，保证钢轨的平顺。当施工作业面由 CP Ⅲ 控制点向下一个 CP Ⅲ控制点测量时，测量范围应深入上一循环不少于 25 m。

5.3.2　CRTS Ⅱ型双块式无砟轨道

CRTS Ⅱ型双块式无砟轨道采用双块式轨枕作为钢轨的支撑部件，施工中通过钢支架将轨枕组装成轨排，将轨排压入到已经浇筑完成的混凝土道床板内。由于钢支架刚度大，所以其在曲线地段以折线形式形成曲线，且无法实现弦线操作和轨检小车作业。其精度的保证主要靠支架的整体加工精度及与支座的配合精度，必须定位很准确才能保训钢轨的线型圆顺，消除折线影响，避免折角产生，否则需通过扣件进行轨道的调整。

轨道铺设时需采用自由设站（边角后方交会）方法进行控制网的测设，控制网相对点位精度达到 1 mm，且轨排安装时需采用边角后方交会的方法进行测量定位，相邻加密基桩的平面位置精度达到 0.5 mm。

1．CRTS Ⅱ型双块式无砟轨道主要施工流程及工装设备

CRTS Ⅱ型双块式无砟轨道施工主要设备有混凝土施工设备、滑模摊铺机、钢筋加工设备、混凝土浇筑车、混凝土捣固机、轨枕铺设机、拆卸单元、轨枕装配车、尾车、侧挡板、支脚、横梁、固定架，插入式振捣器、平板式振捣器等。

CRTS Ⅱ型双块式无砟轨道施工工艺流程如图 5.6 所示。

2．底座混凝土及支承层施工

CRTS Ⅱ型双块式无砟轨道施工测量除应满足《客运专线无砟轨道铁路工程施工测量暂行规定》中有关 CP Ⅲ布点要求外，根据德国的测量经验，还应满足以下规定：

① 控制基桩宜在线路左右两侧交错设置；

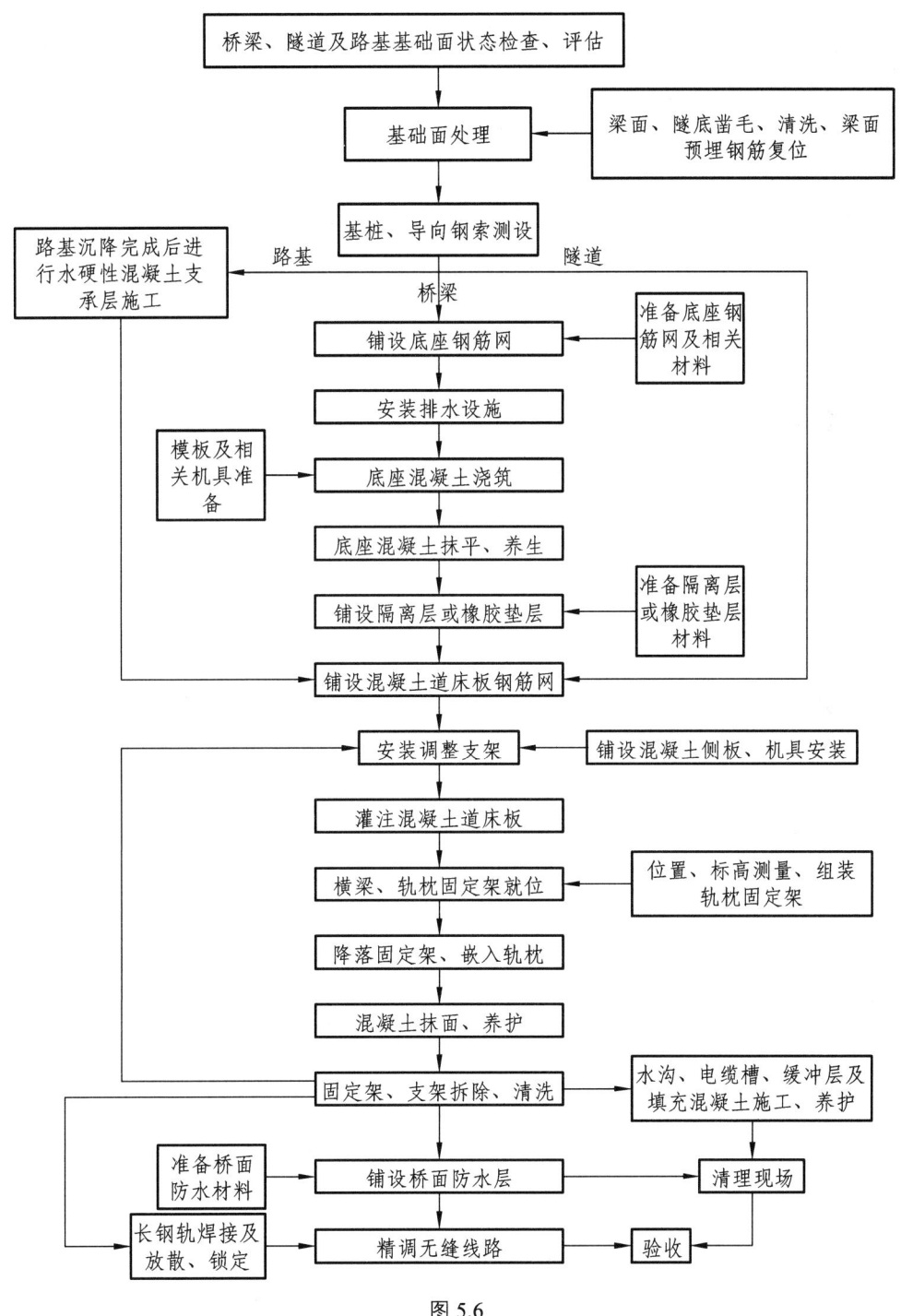

图 5.6

② 控制基桩控制网应布设成边角网或导线网，沿线路方向间距为 60~200 m；

③ 相邻控制基桩的平面 X、Y 方向限差为±1.0 mm；

④ 相邻控制基桩的高差限差为±0.5 mm。

⑤ 桥上底座模板轴线通过控制基桩直接放样，其水平位置放样误差为±3 mm，高程误差为±2.5 mm。

⑥ 支承层采用滑膜摊铺机施工，施工测量方法同 CRTS I 型双块式无砟轨道。

3. 轨排安装及道床板施工

混凝土道床板施工测量应通过控制基桩放样道床板模板轴线，其水平位置允许放样误差应不大于±2.5 mm，高程误差应控制在（-2.5, +5）mm 范围以内。

CRTS Ⅱ 型双块式无砟轨道测量的主要特点是通过 CP Ⅲ 点直接测设其支撑系统的支脚，不测设加密基桩，减少了一道测量工序，提高了控制测量的精度。

固定架安装支脚间距应根据轨枕设计间距和工装确定。根据采用设备，当轨枕间距为 650 mm，一组固定架上 5 根轨枕，因此支脚间距为 3.25 m。

在支承层上采用钻孔并用螺栓固定支脚，支脚可以通过水平和垂直螺旋进行其顶部三维空间位置精密调整。

施工现场对支脚的定位测量可使用蔡司公司的 Elta S10 系列系统全站仪和 Recent13C 系列的计算机全站仪测量系统进行。

首先用全站仪通过 CP Ⅲ 将任意一个支脚精确固定在支脚排中心线上。支脚顶部有一个能够更换且用于定位测量的专用测量珠，该测量珠顶面的测量数据即该支脚的最终位置，调整该支脚使顶点三维空间位置符合设计值；将测量仪器安放到该支脚上，仪器的中心与支脚的中心重合，并将其他支脚固定在支承层上；对支脚进行测量，得到的数据通过无线传输到施工现场的计算机中，计算出支脚换算偏差值并通过无线传输到现场测量员的数据显示屏上；测量员根据显示屏上的数据从垂直和水平方向精确调整支脚，使测量珠的误差不超过 0.5 mm。调整完成后，做好记录，取下测量珠进行下一个支脚的定位调整。

（1）测量方法：

① 利用全站仪对导线点进行测量；

② 将测量数据引到全站仪，确定其位置；

③ 用全站仪任意测量一支脚 B，精确调整 B；

④ 将全站仪架设在支脚 B 上；

⑤ 分别测定 A、C、D 等支脚。

所有数据均在测量小车上显示，曲线段两支脚中心线与线路中心线保持垂直，由无线传输到计算机数据。

（2）测量数据的处理：

① 全站仪对支脚的测量数据由无线传输到计算机处理中心；

② 计算机将测量数据与设计数据相比较，差值由无线传输到现场数据显示屏上；
③ 测量员根据显示屏上显示的数据精确调整支脚。

复习思考题

1. 国内客运专线无砟轨道可分为哪几类？
2. CRTS Ⅰb 型双块式轨道的施工特点？
3. 以瑞士安伯格 GRP1000 轨检小车为例，TGS-FX 可测量哪些项目？
4. 请简述轨道验收精密检测作业流程。

第6章 道岔精调

6.1 道岔精调测量要求

道岔区应在岔心、岔前、岔后位置及道岔前后100~200 m范围内增设控制基桩，其位置一般在直股和曲股的两侧，按坐标直接测设，也可按岔心和直股与曲股线路方向测设，并应埋置永久性桩位。

道岔控制基桩在底座或支承层混凝土上施测，并根据控制基桩测设岔前、岔心、岔后点位中线控制点，直股应布置不少于5个，侧股不少于2个。在道岔两侧设置加密基桩，控制道岔区线路精确调整。

道岔放样测量时，应先复测道岔控制基桩，再按站场设计图进行道岔桩位放样。站场内的各组无砟道岔宜一次测设完成，并复核道岔间相互位置。

站线无砟轨道的测量宜与道岔同时进行，误差的调整应在站线测量中消除。道岔两端应预留不小于200 m的长度作为道岔和区间衔接测量的调整距离。道岔与区间无砟轨道衔接时，应以道岔控制基桩为依据进行调整。

道岔精调测量工作采用高精度水准仪、全站仪完成，条件允许时应采用轨检小车。其余要求同CRTS I型双块式无砟轨道。

（1）道岔控制基标测量前，按《客运专线无砟轨道铁路工程施工质量验收暂行标准》（铁建设〔2007〕85号）的4.1.1~4.1.6条款及相关规定的要求组织测量人员对CPⅢ点进行复核。当CPⅢ点复核测量结果与从线下施工单位接收的CPⅢ测量成果满足技术条件的限差要求时，直接采用线下施工单位交接的测量成果；如不满足限差要求，则上报监理单位，和线下施工单位组成联合测量组，对CPⅢ点进行复测。

（2）对底座混凝土各项尺寸进行验收。

（3）依据经复测后的CPⅢ控制点采用全站仪自由设站测设道岔控制基标。

（4）复核道岔中心控制基桩的中线、里程和标高，检查路面高程，复测岔前、岔后直股、侧股控制基桩。

（5）站场内的各组无砟道岔宜一次测设完成，并复核道岔间相互位置。

（6）站线无砟轨道的测量宜与道岔同时进行，道岔与区间或站线无砟轨道衔接时应以道岔控制基桩为依据进行调整，误差的调整应在站线测量中消除。

（7）根据确定的施工方案，落实施工机具设备，并做好铺设道岔基地、施工便道等临时工程的建设。

6.2 道岔精调技术要求

（1）道岔结构自上而下由道岔部件、岔枕、道床板混凝土及 300 mm 厚的底座混凝土支承层组成；道床板采用 C40 纤维混凝土现场浇筑，道岔直股的外侧钢轨轨下岔枕顶面高出道床面 20 mm，道床板厚 402 mm，顶面设置横向向外 0.5% 的横向排水坡，转辙机基坑表面设 1% 横向排水坡；底座板采用 C30 钢筋混凝土结构。为防止钢筋骨架产生的杂散电流影响轨道电路的传输，道床板内除接地钢筋外，其他所有钢筋节点（纵向、横向钢筋、架立钢筋、轨枕桁架钢筋）均采用绝缘卡进行绝缘，并用塑料带绑扎。

（2）道岔基本轨、导轨、叉跟轨采用 60 kg/m 钢轨制造，设 1∶40 轨底坡；尖轨、心轨用 60D40 钢轨制造，中间不焊接，设 1∶40 轨顶坡；护轨采用 UIC33 槽型钢轨。

（3）道岔扣件采用分开式弹条 II 型扣件，铁垫板钢轨中心处厚度为 27 mm。轨下设 5 mm 厚橡胶垫板，铁垫板下设 20 mm 厚橡胶垫板；橡胶垫板下采用用调高垫板进行调高，最大调高量 30 mm。铁垫板与钢轨轨底间设轨距块，工作边采用 10 号轨距块，非工作边采用 11 号轨距块。铁垫板与岔枕间用岔枕螺栓连接，岔枕内预埋塑料套管，铁垫板与岔枕螺栓间设复合定位套和缓冲调距块。

（4）轨下基础为预应力混凝土岔枕（无砟轨道为长岔枕埋入式，岔枕底部为桁架式结构），并垂直于道岔直股，辙叉跟端分开后垂直于线路中心，设 2 根扭转过渡枕。岔枕按 1 667 根/公里布置（岔枕间距 600 mm），牵引点及两侧岔枕间距可适当调整，但最大间距不超过 650 mm。

（5）道岔正式铺设前，应在铺岔基地进行预组装，确认道岔钢轨件各部尺寸满足要求以及与岔枕的配合良好。在施工便道较好的车站，道岔预组装后，尖轨部分尽量采用整体轨排运输到铺设现场。

（6）道床板和底座混凝土全部采用拌和站集中供应，混凝土罐车运输，混凝土泵车现场灌注。

6.3 道岔精调施工要求

1. 无砟轨道铺设条件评估

铺设无砟道岔前，线下工程的主体和底座混凝土应全部完工，检验合格。未完成的附属工程不得影响无砟轨道的铺设。

铺设无砟道岔前，按照《客运专线铁路无碴轨道铺设条件评估技术指南》（铁建设〔2006〕158 号）对路基、桥涵变形进行系统评估，确认路基的工后沉降和变形、桥涵基础沉降和梁体长期变形、各种过渡段的差异沉降等符合设计要求，满足无砟轨道铺设条件。

2. CPⅢ交接与复测

（1）道岔控制基标测量前，按照《客运专线无砟轨道铁路工程施工质量验收暂行标准》的 4.1.1~4.1.6 及相关规定的要求组织测量人员对 CPⅢ 点进行复核。当 CPⅢ 点复核测量结果与从线下施工单位接收的 CPⅢ 测量成果满足技术条件的限差要求时，直接采用线下施工单位交接的测量成果；如不满足限差要求，则上报监理单位，和线下施工单位组成联合测量组，对 CPⅢ 点进行复测。

（2）依据经复测后的 CPⅢ 控制点采用全站仪自由设站测设道岔控制基标，如图 6.1 所示。

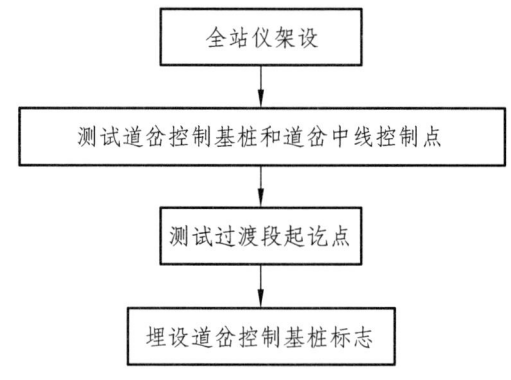

图 6.1 道岔控制基桩测设流程图

（3）测量定位。

① 道岔区在岔心、岔前、岔后位置（含道岔曲股岔后）、道岔前后过渡段起讫点及道岔前后 100 m 范围内增设控制基桩，其位置设置在直股和曲股的两侧，按坐标直接测设，并埋设永久性桩位。

② 铺岔前以 CPⅢ 为基准复核道岔中心控制基桩的中线、里程和标高，检查路面高程，复测岔前、岔后直股、侧股控制基桩。道岔控制基桩横向允许偏差为 1 mm。相邻控制基桩允许偏差为：间距 2 mm，高差 1 mm。相邻道岔控制点基桩偏差应在相邻 CPⅢ 内调整。

③ 站场内的各组无砟道岔宜一次测设完成，并复核道岔间相互位置。

④ 站线无砟轨道的测量宜与道岔同时进行，道岔与区间或站线无砟轨道衔接时应以道岔控制基桩为依据进行调整，误差的调整应在站线测量中消除。

⑤ 无砟轨道道岔区测量以 CPⅢ 控制点为基准，根据站场设计图进行道岔区控制基桩测量，确认无误后进行道岔桩位放样。

⑥ 无砟道岔施工前应增设加密基桩。加密基桩每 5 m 设置一个，直股应布置不少于 5 个，侧股不少于 2 个，转辙器、导曲线、辙叉起始点各增设一个加密基桩。加密基桩设置在线路中线上两侧外移 1.8 m，点位偏差应不大于 2 mm。相邻加密基桩相对精度：平面 2 mm，高程 1 mm。

⑦ 所有控制基桩应满足防沉降、防移动的要求，所有点必须强制对中，且通视良好，无障碍物。

⑧ 用全站仪与控制基桩进行联测，精确测设 4 个控制点——岔前、岔心、岔尾，以及节段界面，同时放出转辙机相应位置。

⑨ 根据道岔区线路控制基标测放钢筋混凝土底座施工边桩。

（4）道岔组装、初定位。

工艺流程如图 6.2 所示。

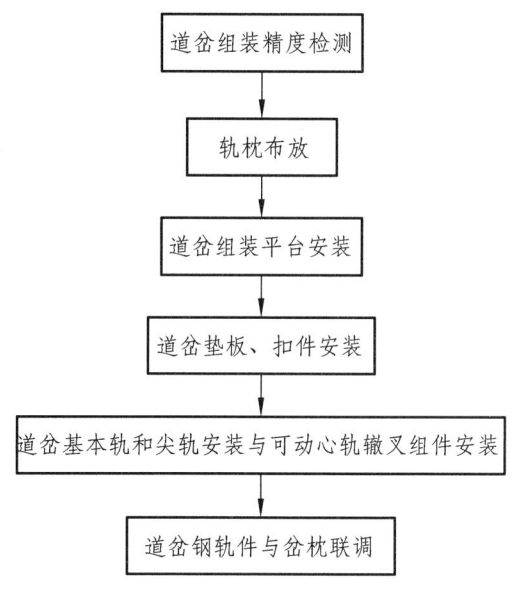

图 6.2 道岔组装作业流程图

（5）组装调试平台。

① 道床板下层钢筋绑扎完毕，绝缘测试合格后，根据测设的道岔控制桩位置安装组装台座。

② 道岔原位组装平台安装前，先根据道岔线路中心线控制，放样定出组装平台纵梁位置，纵梁顶面标高值按设计线路标高值返算确定。纵梁顶面标高调整到位后，进行固定。然后在纵梁上按岔枕间隔做标记，根据道岔的岔尖、岔心、岔尾的控制点，定出各个无砟岔枕的位置，依此布置道岔的组装调试平台。

③ 组装平台直股一侧的边线与道岔的直股的中心线平行，并预留岔枕的调整量。组装平台安装高程与道岔的设计坡度一致，并使岔枕就位后与设计高程低 10 mm。

④ 组装平台安装时使各部位的调整丝杆居中，保证平台的设计调整量，调整螺纹调节杆高度，保证平台安装高度，高低水平公差为 5 mm/5 m。

⑤ 组装平台安装到位后，使各支撑点支撑牢固，防止倾斜。

（6）摆放岔枕。

① 从前至后按顺序摆放。

②选好方向，确定第一根岔枕的位置和方向，调整组装平台限位调整机构，使岔枕安装到位。

③弹画岔枕中心线。

④定出直股最后一根岔枕位置（里程与中线偏差不超过 2 mm）。以第一根后最后一根岔枕为基线摆放岔枕。用钢尺控制，调整岔枕间隔，不得以岔枕间距累积测量，要特备注意牵引点处岔枕间距，一般情况不得小于设计尺寸，可动心轨第一牵引点岔枕间距可按+5 mm 摆设，且只允许后一根岔枕后移。

⑤方正岔枕，以第一根岔枕为基准方正岔枕，应与调整岔枕间隔一并进行。岔枕定位以直股外侧第一个岔枕螺栓孔为基准拉线确定，岔枕方正应采用两把长尺平行放置，按岔枕间距找正。

⑥粗调高低，对高低差明显（以 5 mm 高差区分）的岔枕进行粗调。

⑦调整时严禁用撬棍插入岔枕扣件螺栓套管内撬拨岔枕。

⑧核实岔枕摆放间隔、方正及全长。

⑨道岔组装注意事项：

a. 拉钢弦线控制道岔岔枕直股端螺栓孔在一条直线上，带编号一侧铺设在道岔直股外侧，侧股辙后短岔枕带编号一侧铺设在道岔侧股外侧。

b. 以第一根岔枕为基准方正岔枕，并与间隔调整配合进行。岔枕方正应采用按岔枕间距找正。调整岔枕时应用 2 把长钢尺置于岔枕两端精调，避免累积公差。

c. 调整岔枕水平，要求相邻岔枕顶面高差不超过 2 mm，所有岔枕顶面高差不超过 5 mm。

d. 辙叉趾端（直向）距基本轨前端定位，偏差不超过 2 mm。以辙叉垫板孔为准适当调整岔枕位置。当辙叉垫板孔位与轨枕钉孔位置相距较大时，应及时向厂家反映，不得擅自拆移辙叉垫板或强行拨枕。

e. 组装道岔扣件垫板时严格区分不同使用部位的静刚度、左右开向及安装方向。确认钉孔对中，并按标记位置确定内外股摆放方向正确后，才可用螺栓连接垫板和岔枕。垫板组装时，保持岔枕位置及方向不变。

f. 汽车吊组配备专用吊具吊装道岔钢轨件。吊装从前至后依次完成，每段吊装顺序按照先直向后侧向，先外股后里股进行。

g. 钢轨件组装前对钢轨质量进行检查，严格控制钢轨弯曲（包括高低和水平），若有较大质量差异应用顶调设备预先进行调整。

h. 钢轨严格按照厂内标记的接头顺序和设计预留轨缝值进行。轨缝允许偏差±2 mm，钢轨长度累积偏差，不得超过整体要求，道岔全长允许偏差为±10 mm，必要时进行磨头处理。

i. 应使用专用工具，按照安装说明和铺设图的要求安装弹性夹。

（7）道岔初调。

①按照道岔铺设图进行岔枕位置的复核，尖轨与辙叉处的岔枕位置不符合要求会

直接影响轨距。

② 道岔轨距、支距调整。

③ 确认直线尖轨及曲线尖轨的质量状态，若发现问题预先顶调。

④ 对滑床垫板位置进行顶调，一般情况下使垫板外调至极限位置。

⑤ 确定框架尺寸（尖轨尖端处轨距和直线尖轨轨头切削起点轨距或基本轨间距离）。

⑥ 确定直线尖轨固定端及跟端轨距。

⑦ 调整直线尖轨与直基本轨密贴。

⑧ 从基本轨前端到道岔跟端，通过拨道的方式调整直线尖轨的直线度，用 10 m 线绳 5 m 交错的方法从尖轨尖端开始测量直尖线轨工作边直线度，要求最大偏差不超过 2 mm。

⑨ 调整曲线尖轨密贴段至尖轨跟端支距。

⑩ 结合轨距调整、尖轨直线度调整，调整直线尖轨与曲基本轨密贴。此时轨距的调整以调整轨距块为主，偏心调距块为辅。

⑪ 调整密贴段以后的直、侧股轨距。

⑫ 调整尖轨轨底与滑床台板密贴。

⑬ 调整可动心轨辙叉范围内轨距时，采用更换不同规格的缓冲调距块改变垫板位置实现叉心位置的调整，但仍要适当的拨道来确保叉心直股的直线度。辙叉直股直线度调整好后，将心轨拨通到曲股，通过复检心轨曲股的支距来验证叉心摆放位置、方向的正确性，如不合适则重复上述步骤进行调整。曲股辙后支距垫板区域可以通过轨距块调整支距，曲股其他区域还可以通过缓冲调距块配合来调整支距。

（8）安装侧向支撑，对轨排横向进行调整。

① 安装侧向支撑，间隔二根轨枕在钢轨上安装两个，对称安装。待全部安装好后进行横向调整。

② 通过安装侧向支撑，由中线基标拉钢弦线控制道岔方向，调整侧向支撑丝杆，使道岔轨排横移对中并固定道岔。

③ 侧向支撑安装按照预先标记位置定位，注意连接牢固。

④ 调整前，将侧向支撑丝杆套管居中，丝杆涂油。

⑤ 对中调整应在左右两侧对称进行，并沿线路方向逐步调整。

（9）安装竖向支撑螺栓，对轨排标高进行调整。

① 用 L 型道尺逐点检查道岔轨面高程，确定道岔标高调整数值。

② 使用竖向支撑螺栓，将道岔调整至设计轨面标高。安装竖向调节器时，每 2 根轨枕在钢轨上安装 1 个，对称安装，辙岔部位需要适当增加。可与横向支撑同时安装，但不受力，待横向全部调节好后利用竖向调节器进行轨面水平调节。每根丝杆下需安装塑料套管。

③ 道岔标高调整到位后，进行钢轨连接。先以方尺方正左右股钢轨，再按照铺设图加装轨缝片，控制道岔全长符合设计图要求，再采用无孔接头夹板连接固定。

（10）道岔轨排经过以上三次粗调后，将定位螺栓旋入岔枕端部的预留孔内，使螺栓端头铁垫板顶紧、承力。

① 定位螺栓旋入前应涂油，埋入道床板部分加装 PVC 套管，便于施工后拆除。

② 定位螺栓端头与基础层间应安装支撑垫板，以使支撑螺栓受力均匀。

（11）将道岔调整到设计位置（横向±2 mm，竖向±2 mm）。

（12）检查道岔前点里程（允许偏差小于 5 mm），预留轨缝（允许偏差 2 mm），道岔全长（允许偏差 10 mm）。

（13）拆除道岔组装平台，进行道床板上层钢筋绑扎。

（14）岔枕定位允许偏差见表 6.1。

表 6.1 岔枕定位允许偏差

序号	检验项目	允许偏差
1	岔枕相对于直股的垂直度	牵引点两侧和心轨部分±2 mm，其余±5 mm
2	岔枕位置偏差	±3 mm

（15）道岔应按设计定位，允许偏差见下表 6.2。

表 6.2 道岔定位允许偏差

序号	检查项目	允许偏差/mm
1	轨面高程	0 −5
2	中线	2

（16）横向支撑安装及横向调整。

① 横向支撑设置沿纵向间隔两根岔枕设置一对，辙叉部位加密设置。

② 在底座混凝土上根据测设道岔控制基桩，用油漆标识横向支撑预埋件设置位置，按横向支撑底板螺栓孔间距设置。

③ 采用冲击钻钻孔，孔注入植筋胶埋入膨胀螺栓，侧向支撑安装按照预先标记位置定位。

④ 再安装侧向支撑，由中线基标拉钢弦线控制道岔方向，调整侧向支撑丝杆，使道岔轨排横移对中并固定道岔。

⑤ 调整前，将侧向支撑丝杆套管居中，丝杆涂油。

⑥ 对中调整应在左右两侧对称进行，并沿线路方向逐步调整。

（17）地锚钢筋设置。

道岔初调完成后进行地锚钻孔，钻孔深度为 200 mm，地锚采用直径 12 mm 的螺纹钢筋，加工成 L 型，每隔三根枕设置一对（直、曲股对应），并与岔枕钢筋桁架下层钢筋中靠内侧一根钢筋头对齐。地锚钢筋在道岔一次精调完毕后采用锚固胶进行植入，应先灌入植筋胶再将地锚钢筋调整到锚固孔中央，在浇筑道床混凝土前将地锚钢筋与道岔桁架钢筋焊联,以防止灌注混凝土时道岔轨排上浮。

3. 道岔精调

道岔精调流程图见图 6.3。

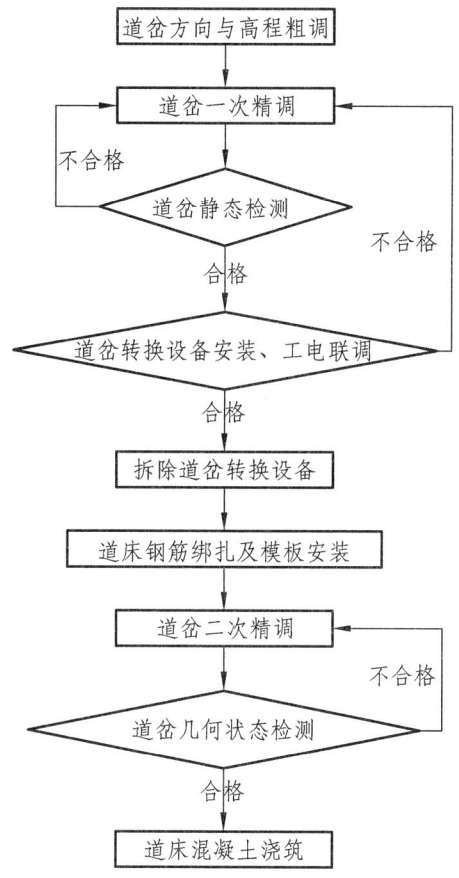

图 6.3 道岔精调作业流程图

(1)道岔一次精调。

① 所有安装工作完成后,开始做道岔精调工作。

② 道岔一次精调测量工作采用安伯格 GRP1000 轨检小车、徕卡 1201+全站仪完成。采用 6~8 个 CPⅢ点和经监理部门认可的轨道检测小车进行全面检查整修(精调),设站坐标分量中误差不应大于 0.7 mm,定向中误差不应大于 1.4″。

③ 调整方法:调整顺序为道岔组装完成后,按照顺序道岔轨向高低调整—道岔水平与轨距调整—道岔各部密贴与间隔调整来进行道岔的调整。

(2)道岔轨向与高低调整。

① 根据轨检小车检测数据确定精调数值调整定位螺栓丝杆高度,精调起平道岔。

② 不同测站的重复测量应不少于 8 根轨枕,重复测量偏差应小于 2 mm,平顺度搭

接长度应不大于 1 mm/10 m 的变化率,并在下一站测量区间顺接。

③ 以直股为基准调整道岔轨向。直线尖轨工作边的直线度,密贴段每米不大于 0.2 mm,全长不大于 2 mm。曲线尖轨圆顺平滑无硬弯。

④ 可动心轨辙叉直股工作边直线度为 0.2 mm/1 m,全长(可动心轨尖端前 500 mm 至弹性可弯中心后 500 mm)直线度为 2 mm,心轨尖端前后各 1 m 范围内不允许抗线。可动心轨辙叉曲股工作边曲线段应圆顺,不允许出现硬弯。

⑤ 道岔的高低通过起道、落道来调整,使道岔高低差满足技术标准要求。

(3)轨距与水平调整。

① 调整时应以直及基本轨一侧为基准,按照先调支距再调轨距的步骤进行,使尖轨跟端起始固定位置支距、尖轨跟端支距和导曲线支距允许偏差符合设计要求。

② 通过轨检小车对道岔轨面逐点测量,确定道岔标高调整数值,精调起平道岔。轨面标高精调确定后,道岔高低、水平不超过设计限值。滑床台板坐实坐平,垫板与台板的间隙不超标。

(4)道岔各部密贴、间隔调整。

① 通过增减顶铁调整片,调整尖轨、心轨顶铁间隙,并同时调整轨距、支距相结合,确保尖轨与基本轨密贴,可动心轨在轨头切削范围内应分别与两翼轨密贴,开通侧股时,叉跟尖轨尖端与短心轨密贴。结合道岔高低、水平的调整,使尖轨或可动心轨轨底与台板间隙不超标。调整限位器位置使两侧的间隙值对称均匀并满足技术要求。轨撑的顶面应与翼轨轨头下颚密贴。

② 通过调整扣件使尖轨跟端支距、趾跟端开口、护轨轮缘槽宽度、查照间隔满足要求。

(5)精细调整完毕,安装道岔尖轨、可动心轨电务转辙机构,进行工电联调。

(6)道岔精细调整到位后,指标应符合表 6.3 的规定。

表 6.3 道岔精调允许偏差表

项目	允许偏差/mm	检验方法	特性分类
一、转辙器区域			
道岔始端轨距	±1	道尺,轨检小车	B
尖轨尖端轨距	±1	道尺,轨检小车	A
直尖轨轨头切削起点处轨距	±1	道尺,轨检小车	A
直尖轨第一牵引点前与曲基本轨密贴	缝隙≤0.2	塞尺	A
直尖轨其余部分与基本轨密贴	缝隙≤0.8	塞尺	B
直尖轨工作边直线度	密贴段 0.2,全长 1.5	弦线,轨检小车	A

续表

项目	允许偏差/mm	检验方法	特性分类
直尖轨与曲基本轨间顶铁间隙	缝隙≤0.5	塞尺	C
直尖轨各牵引点前后各一块台板	缝隙≤0.5	塞尺	B
直尖轨轨底与滑床台	缝隙≤1，不得连续出现缝隙	塞尺	C
曲尖轨第一牵引点前与直基本轨密贴	缝隙≤0.2	塞尺	A
曲尖轨其余部分与基本轨密贴	缝隙≤0.8	塞尺	B
曲尖轨与直基本轨间顶铁间隙	缝隙≤0.5	塞尺	C
曲尖轨各牵引点前后各一块台板	缝隙≤0.5	塞尺	B
曲尖轨轨底与其余滑床台	缝隙≤1，不得连续出现缝隙	塞尺	C
转辙器部分最小轮缘槽65 mm	≥0	尺量	A
尖轨限位器两侧缝隙偏差	±0.5	尺量	B
尖轨固定端支距	±1	支距尺	B
曲尖轨固定端支距	±1	支距尺	B
直尖轨跟端支距	±1	支距尺	B
曲尖轨跟端支距	±1	支距尺	B
尖轨跟端直股轨距	±1	道尺，轨检小车	B
尖轨跟端曲股轨距	±1	道尺，轨检小车	C
二、辙叉区域			
可动心轨辙叉趾端开口距	±1	尺量	C
可动心轨辙咽喉宽	±1	尺量	B
心轨尖端至第一个牵引点处密贴（直）	缝隙≤0.2	塞尺	A
其余部位心轨与翼轨密贴（直）	缝隙≤0.8	塞尺	B
心轨尖端至第一个牵引点处密贴（曲）	缝隙≤0.2	塞尺	A
其余部位心轨与翼轨密贴（曲）	缝隙≤0.8	塞尺	B
叉跟尖轨尖端（100 mm）与短心轨密贴	缝隙≤0.5	塞尺	B
叉跟尖轨其余部分与短心轨密贴	缝隙≤1	塞尺	C
心轨牵引点处轨底与台板缝隙	缝隙≤0.5	塞尺	B
心轨轨底与其余台板缝隙	缝隙≤1，不得连续出现缝隙	塞尺	C
心轨直股工作边直线度	0.3/m，全长（心轨尖端前500至可弯中心后500）2.0，不允许抗线	弦线，轨检小车	B
长心轨轨腰与顶铁的缝隙	≤0.5	塞尺	C

续表

项目	允许偏差/mm	检验方法	特性分类
短心轨轨腰与顶铁的缝隙	≤0.5	塞尺	C
叉跟尖轨轨腰与顶铁的缝隙	≤0.5	塞尺	C
心轨实际尖端与直股翼轨趾端的距离	+4，0	尺量	B
可动心轨尖端前 1 m 轨距	±1	道尺、轨检小车	C
可动心轨可弯中心后 500 m 轨距	±1	道尺、轨检小车	C
护轨轮缘槽宽度	+1，-0.5	尺量	B
查照间隔 1 391 mm	≥0	道尺	A
可动心轨跟端开口距	±1	道尺、轨检小车	C
导曲线部分轨距（尖轨跟端至导曲线终点或辙叉趾端总长的 1/4、1/2、3/4 共 3 处）	±1	道尺、轨检小车	C
辙叉跟端轨距	±1	道尺、轨检小车	B
辙叉趾端轨距	±1	道尺、轨检小车	B
尖轨各牵引点处开口值	±2	尺量	B
可动心轨辙叉第一牵引点处开口值	±1	尺量	B
道岔全长	±10	卷尺	C

注：项点分类判定规则：A 类项点合格率 100%；B 类项点合格率 90%；C 类项点合格率 80%。

4. 道岔二次精调及混凝土浇筑前检查

（1）转辙器安装调试完成，且在转辙器拆除后、道床板混凝土浇筑施工前，对道岔系统进行二次精调。

（2）道岔二次精调，采用轨检小车检测道岔方向、高低、水平、轨距等几何形位指标，根据轨检小车检测数据确定精调数值（精调偏差见一次精调偏差表）。

（3）随轨检小车移动，根据检测反馈数值逐点对道岔水平、方向进行微调定位。

① 调整支撑螺杆高度、精调起平道岔。道岔高低、水平不超过设计限值。滑床台板坐实坐平，垫板与台板的间隙不超标。

② 调整侧向支撑丝杆，对道岔方向超限点作局部精调。直股工作边直线度符合规定指标、曲股工作边曲线段应圆顺无硬弯。

③ 调整轨距、支距。使尖轨检测点支距和导曲线支距允许偏差符合设计要求。

④ 调整尖轨、可动心轨密贴和顶铁间隙。保证密贴段密贴良好、间隙值不超限。

5. 道岔精调施工准备

（1）组建道岔轨道线型调整测量组，包括 1 名测量工程师和若干名测量工，测量组能正确进行道岔轨道线型测量的计算、实施、数据分析和调整量计算。

（2）配备经校验合格的测量仪器，包括全站仪、电子水准仪、轨检小车及配套棱镜、道尺、弦线绳、支距尺、方尺等工具。

（3）配备道岔轨道线型调整作业组，包括作业工长、工程技术员和若干线路工。

（4）配备不同规格的调整扣件，包括偏心锥、调高垫片、间隙片及滑床板调整件。

（5）完成 CPⅢ基准测量网的复测和贯通测量，并提供合格的成果报告，将测量成果及道岔轨道线型数据输送轨检小车。

无砟道岔线型调整施工具体见图 6.4。

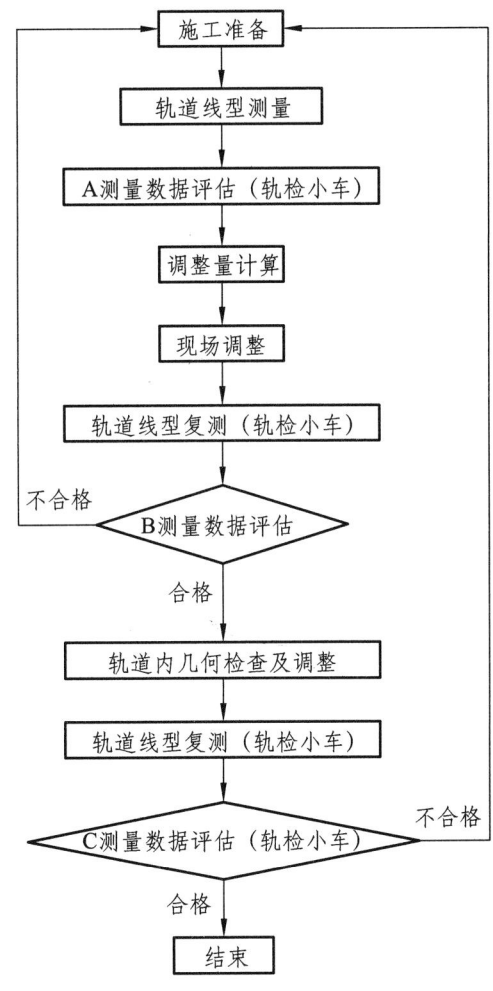

图 6.4 无砟道岔线型调整施工工艺流程图

6. 轨道线型测量

（1）采用轨检小车测量道岔轨道线型，在道岔线型短波调整阶段，轨道线型的测量范围包括道岔及前后各 30 m 范围，直向和曲向同时测量。

（2）每次测量时全站仪依据 CPⅢ基准测量网按后方交会法在轨道中线位置建立空

间坐标体系，轨检小车置于两轨道上，对每对扣件螺栓对应的轨道位置进行逐点测量，为保证测量数据的准确性，全站仪距轨检小车的距离就在 5~80 m，两次设站时测量的搭接区不小于 5 个点，且搭接区应避开转辙器及辙叉区，同时轨检小车的主轴应始终保持在一个方向，通常是直向的直尖轨侧和曲向的曲尖轨侧。

（3）道岔直向轨道线型测量。将道岔尖轨、心轨转至直向位置并锁闭。轨检小车使用道岔直向轨道线型设计完成道岔直向线型测量。

（4）道岔曲向轨道线型测量。将道岔尖轨、心轨转至侧向位置并锁闭。轨检小车使用道岔侧向轨道线型设计完成道岔直向线型测量。

（5）为方便道岔直向、曲向线型测量数据与现场的对照检查，测量时应对每 1 对承轨台位置按岔枕编号的方式进行标记。

（6）测量完成后，通过轨检小车系统可直接得到单独的道岔直向、曲向线型数据，每个数据可直接显示轨道的绝对高程、方向、轨距、水平以及 30 m、150 m 的方向短长波和高低短长波。并以表 6.4 允许的偏差直接显示轨道线型超差处所及项目。

表 6.4　无砟道岔平顺度铺设精度标准

	高低	轨向	水平	轨距	扭曲
幅值/mm	2	2	1	±1	2
弦长/m	10				基长 6.25 m

7. 数据评估及调整量计算

（1）数据评估。

① 道岔线型的轨检小车测量数据可直接通过轨检小车测量数据报表进行评估，评估的标准可提前输入轨检小车软件系统。

② 由于输入轨检小车系统的轨道设计线型没有反映道岔转辙器 FAKOP 区轨距加宽值，因此，轨检小车测量显示结果是全部超差。该段线路轨距需要对比设计值与实测值之差单独评估。

③ 道岔辙叉区属结构特殊位置，其轨道轨距、方向应以优先直向兼顾曲向的原则单独评估。

④ 直向、曲向线型数据应对照评估，当直向线型良好，对应的曲向线型有超差时，应做对照分析。若是不在同一弹性基板位置，应按不合格评估，在同一个承轨台位置，则需要综合直向、曲向的方向偏差，以优先直向兼顾曲向的原则酌情判定是否合格。

⑤ 道岔辙叉区属结构特殊位置，其轨道轨距、方向应以优先直向兼顾曲向的原则单独评估。

⑥ 线型评估还应结合调整量计算综合判定。

（2）调整量计算。

① 道岔轨道线型良好，超差点少，可任经验直接判定道岔线型的调整量。除此之

外，应使用专门的软件对轨道线型进行调整。道岔轨道线型超差调整量计算，应将横向、轨距、方向和高程、水平、高低分开计算。

② 使用专业的道岔调整量计算程序，将道岔直向、曲向分别输入计算程序列表，再在计算程序列表所示的调整区内输入计划调整量，此时，列表可实时反映道岔调整后轨道线型数值，通过不断地输入计划调整量，即可得出最优化的轨道线型，即超差点最少、超差值最小。此时，使用计算程序可输送一份对照原有调整件基础上的调整量清单，施工现场对照调整量清单即可开展轨道线型调整工作。

③ 道岔线型横向、轨距、方向的调整量计算应遵循"先保证直股，再兼顾曲股；转辙器及辙叉区少动，两端线路顺接"的原则。

④ 轨道线型高程、水平、高低调整量计算与横向、轨距、方向调整量计算方法相似。

8. 现场调整

现场调整按"先方向，后水平；先直股，后曲股；先整体，后局部"的原则，道岔方向调整的同时，应消除钢轨外侧与弹性基板挡肩间隙。

（1）第一阶段：除调整直基本轨方向外，不需要计算量调整清单。

① 对照调整量清单，将道岔尖轨、心轨转到直向位置，优先调整道岔直基本轨的岔前缝及与导轨相连的位置，为道岔转辙器调整确定基本方向。

② 沿道岔直基本轨外侧沿转辙器全长范围安装并张拉 30 m 以上的钢弦线，使用钢板尺检查每个扣件螺栓处弦线距 FAKOP 区拉槽的距离，对偏差超过 1 mm 的点通过更换偏心锥的方式予以调整。

③ 对照设计图，使用支距尺检查曲基本轨与直基本轨间距，对偏差超过 1 mm 的点通过更换偏心锥的方式调整曲基本轨方向。

④ 利用塞尺检查曲尖轨与直基本轨、直尖轨与曲基本轨间隔铁间隙，对间隙超过 1 mm 的点进行调整，调整的方法：首先调整两尖轨尖端平齐，其次使辙叉跟端以远尖轨外侧与弹性基板挡肩密贴，调整时可在尖轨内侧与弹性基板挡肩间加入间隙片，但间隙片不得加在尖轨外侧与弹性基板挡肩之间。

⑤ 用轨距尺检查转辙器区段直向轨距，对偏差超过 1 mm 的点通过更换偏心锥的方式调整曲基本轨及直尖轨方向。

⑥ 根据调整量清单完成调整直基本轨后导轨的方向调整，其控制方法是先检查并记录调整位置的直向，再通过控制轨距变化调整直基本轨方向。

⑦ 30 m 钢弦线向岔后方向平移，两次布线至少有 10 m 搭接区，使用钢板尺检查每个扣件螺栓处弦线距导轨外侧的距离，对偏差超过 1 mm 的点通过更换偏心锥的方式予以调整。

⑧ 以直向轨距控制完成对尖轨后导轨方向的调整，以支距控制完成对曲向尖轨后导轨方向的调整，以曲向轨距控制完成对曲向基本轨后导轨方向的调整。

⑨ 辙叉区原则上不做调整，这在调整量计算时已经考虑。

⑩ 直向调整时，同时完成道岔前 10 m 及道岔后 30 m 线路方向的调整，方法同前。
⑪ 直向调整完成后，将道岔尖轨、心轨转到曲向位置。
⑫ 通过轨距检查核对转辙器区段轨道线型质量，通常情况下直向调整到位，轨距值偏差不会超出设计范围。
⑬ 通过轨距控制完成对辙叉区段曲向基本轨后导轨方向的调整。
⑭ 按上述方法完成道岔后 30 m 线路方向的调整。
⑮ 调整完成后，使用轨检小车复测道岔轨道线型数据，并评估和计算新的线型调整量。

（2）第二阶段调整：对照调整量清单，逐一完成对轨距、方向超差点的调整。
① 对照调整量清单，按直接更换偏心锥的方式完成拟定的轨距、方向超差点的调整，通过 30 m 弦线、支距尺和轨距尺检查调整效果。
② 每调整完成一次，即用轨检小车复测道岔轨道线型数据，评估和计算新的线型调整量，再重新调整，再复测，直到评估结果显示道岔轨距、方向合格。
③ 在道岔轨距、方向调整完成后，依据新的道岔轨道线型数据计算道岔高度、水平、高低调整量，现场调整时仍按"先直向，后曲向"分别调整，同样是一个调整、复测、再评估、再调整、再复测的过程，直到轨道线型数据合格，调整道岔高度、水平、高低的同时，须兼顾调整道岔方向、轨距等新出现的超差点。
④ 高程调整时，以尖轨侧为基准轨，对照调整量清单直接更换调高垫片，以水平变化值控制调整量，之后再用电子水准仪复测调整效果，不合格处重复调整及复测，最后再以水平控制完成另一股钢轨水平的调整。
⑤ 调整曲向高程时，道岔直向与曲向高程在转辙器区和辙叉区是一致，驾辙叉区则以直向高程控制曲向高程，导轨段可自由调整。
⑥ 通过 3～4 次的反复调整，即可使道岔的轨道线型测量数据评估合格。

9. 轨道内几何检查及调整

道岔轨道内几何的检查和调整部位包括：尖轨与基本轨密贴，尖轨与滑床板密贴，尖轨跟端限位器等。

（1）尖轨与基本轨密贴及尖轨跟端限位器调整，前面已述。
（2）尖轨与滑床板间存在较大间隙的调整，优先使用调高垫板，最后再用滚轮调整片调整。
（3）道岔轨道内几何的检查和调整，可以安排在道岔线型调整的后期（即，调整量较少、较小时）与道岔线型调整同步进行，每次轨道线型调整完成后，同步检查和调整道岔轨道内几何。
（4）道岔轨道线型最终评估合格，是建立在道岔轨道线型测量数据和道岔轨道内几何都合格的基础上。

10. 道岔轨道长波平顺性调整

在道岔轨道短波平顺性调整合格的基础上，结合道岔前后轨道线型调整，完成对道岔轨道长波平顺性的调整，其调整的工作主要在区间线路，原则上道岔区不调整大的方向和高低。

11. 大号无砟道岔轨道线型调整质量验收标准

根据无砟道岔特点，并结合道岔轨道型调整、动力学测试数据及试验列车运行状态。无砟道岔平顺度铺设精度应符合静态验收标准要求，见表 6.5。

表 6.5 无砟道岔平顺度铺设精度标准（静态）

	高低	轨向	水平	轨距	扭曲
幅值/mm	2	2	1	±1	2
弦长/m	10			基长 6.25 m	

12. 注意事项

（1）道岔轨道线型调整是非常精细的工作，需要高素质的施工人员，并经过严格的专业培训，所用的设备和工具精度要有保证，并定期检查标定。

（2）施工前，须做好充分的施工准备，人员、机具、材料必须一次准备到位，合理安排交通工具及作业量。

（3）施工时，应尽量少松动钢轨扣件，调整方向时连续松动不超过 5 个承轨台，调整高低时连续松动不超过 10 个承轨台，同时作业的两个精调组应相距 50 m 以上，实测轨温大于 35 ℃时停止线上作业。

（4）轨道线型调整时，同时消除钢轨扣件缺损、扭力不足、钢轨扣件安装不正、钢轨离缝等缺陷。

（5）钢轨焊缝不平顺是影响行车舒适度的重要因素之一，因而，除了钢轨焊接和钢轨打磨必须严格（检查和打磨）平顺度超标的钢轨焊缝外，在轨道线型调整时，应首先检查并打磨平顺度超标的钢轨焊缝。

6.4 道岔交验前的保养

（1）无砟道岔道床板混凝土浇筑完成后，经自检、电务互检合格后，电务及时安装转辙及锁闭装置。安装转辙机时，工务、电务部门配合施工，并调试到最佳工作状态。道岔焊接不得影响转辙机拉杆与道岔钢轨的联结。

（2）道岔焊接锁定后，对整组道岔包括前后过渡段进行最终的精细调整。调整后的道岔不仅要满足设计和列车高速运营的要求，同时还要完全满足《客运专线无砟轨道铺设技术条件》中道岔铺设验收基本项点（附件 A）的各项要求。

（3）道岔施工完成后，用钩锁器固定尖轨，直向限速通过，侧向使用道岔前须按相关程序协商，征得施工单位同意，并做好相关限速标志和防护工作。禁止在岔区起停。

（4）设置专人看护，防止道岔部件、扣件、电务设备等丢失或破坏，按有关要求进行涂油和扣件复拧等工作。

复习思考题

1. 道岔由哪几部分组成？
2. 道岔测量定位应该注意哪些事项？
3. 道岔初调包含哪些内容？
4. 轨道交验前进行保养需注意什么？

参考文献

[1] TB10601—2009 高速铁道工程测量规范[S]. 北京：中国铁道出版社.

[2] TB10054—2010 铁路工程卫星定位测量规范[S]. 北京：中国铁道出版社.

[3] TB10101—2009 铁路工程测量规范[S]. 北京：中国铁道出版社.

[4] GB/T15314—1994 精密工程测量规范[S]. 北京：中国标准出版社.

[5] GB/T18314—2009 全球定位系统（GPS）测量规范[S]. 北京：中国标准出版社.

[6] GB/T12897—2006 国家一、二等水准测量规范[S]. 北京：中国标准出版社.

[7] 朱颖. 客运专线无砟轨道铁道工程测量技术[M]. 北京：中国标准出版社，2009.

[8] 谯生有，周建军，周建东，等. 客用专线无砟轨道 CPⅢ 精密控制网测量探讨[J]. 铁道标准设计，2009（增刊1）.

[9] 铁建设〔2010〕241号 高速铁路轨道工程施工指南[S]. 北京：中国铁道出版社，2010.

[10] 付涛. 武广客运专线沉降变形观测精密控制[J]. 铁路标准设计，2009（增刊1）.

[11] 张志刚，张福荣. 普通测量[M]. 成都：西南交通大学出版社，2006.

[12] 陈新焕. 高速铁路控制测量的精密研究[J]. 铁道勘察，2004.

[13] 徐绍铨. GPS测量原理及应用[M]。武汉：武汉大学出版社，2003.

[14] TB 10754—2010 高速铁路轨道工程施工质量验收标准[S]. 北京：中国铁道出版社，2010.

[15] 何华武. 无砟轨道技术. 北京：中国铁道出版社，2005.

[16] 赵国堂. 高速铁路无砟轨道结构. 北京：中国铁道出版社，2006.

[17] 王广运，等. GPS精密测地系统原理. 北京：测绘出版社，1998.

[18] 黄维彬. 近代平差理论及其应用. 北京：解放军出版社，1992.

[19] 王兆，傅晓村，卓健成. 铁路工程测量. 北京：测绘出版社，1986.

[20] 卓健成. 工程控制测量建网理论. 成都：西南交通大学出版社，1995.

[21] 熊介. 椭球大地测量学. 北京：解放军出版社，1988.